रोग

और

उपचार

रोग
और
उपचार

विंदु अमिताभ

वाणी प्रकाशन

प्रकाशन के उत्कृष्टतम 63 वर्ष

vaniprakashan.com

पेपरबैक पहला संस्करण : 2026

वाणी प्रकाशन

4695, 21-ए, दरियागंज, नयी दिल्ली-110 002

फ़ोन : + 91 11 23273167, 23275710

शाखाएँ

अशोक राजपथ, पटना-800 004, बिहार

कॉफ़ी हाउस कैम्पस, महात्मा गांधी मार्ग, प्रयागराज-211 001, उत्तर प्रदेश

महात्मा गांधी अन्तरराष्ट्रीय हिन्दी विश्वविद्यालय, वर्धा-442 001, महाराष्ट्र

sales@vaniprakashan.in
vaniprakashan@gmail.com

Rog Aur Upchar
by Vindu Amitabh

ISBN : 978-93-5775-072-1
Health

मूल्य : ₹ 350

आर. टेक ऑफ़सेट, दिल्ली-110 032 में मुद्रित

वाणी प्रकाशन का लोगो मक़बूल फ़िदा हुसैन की कूची से

सस्ती बीमारी, महँगा इलाज

बीमारी एक समस्या है, पर बीमारी का इलाज उससे कहीं बड़ी समस्या। सरकारी संस्थानों में सस्ते दरों पर या निःशुल्क चिकित्सा की सुविधा उपलब्ध है, पर यह इस विशाल जनसमूह के लिए गर्म रेत पर पानी की बूँद सिद्ध होता है। ऐसी हालत में सभी मरीज़ों के लिए उच्च कोटि का इलाज सम्भव नहीं और असन्तोष एक आम बात है। दूसरी ओर, ग़ैर-सरकारी संस्थाएँ स्तरीय इलाज के नाम पर मरीज़ों का भरपूर शोषण करती हैं। मरीज़ों के लिए एक ओर कुआँ है तो दूसरी ओर खाई।

ऐसा नहीं कि सरकारी संस्थाओं में स्तरीय इलाज सम्भव नहीं है, पर ऐसे सरकारी अस्पताल जहाँ सारी सुविधाएँ उपलब्ध हैं उनकी संख्या बहुत कम है। निजी अस्पतालों में सफ़ाई है, वातानुकूलित कक्ष हैं और मुसकान बिखेरती परिचारिकाएँ, पर यहाँ पर कुछ भी मुफ़्त नहीं मिलता। साधारण बुख़ार के इलाज में भी हज़ारों का बिल एक साधारण बात है। पाँचसितारा अस्पताल तो उन्हीं लोगों के लिए हैं जिन्हें यह मुफ़्त में उपलब्ध हैं या फिर जिन्हें यहाँ इलाज कराने के पैसे मिल जाते हैं या उन गिने-चुने लोगों के लिए जिनके लिए पैसा मायने नहीं रखता। भारत की 90-95% जनता किसी निजी अस्पताल में इलाज कराने में सक्षम नहीं है।

आवश्यकता इस बात की है कि मरीज़ों को उनकी पहुँच के अस्पतालों में समस्त स्वास्थ्य सुविधाएँ उपलब्ध हों और उनके पास अ.भा.आ.सं., पी.जी. आई. चंडीगढ़ के अलावा भी विकल्प हों। विशेष इकाइयाँ प्रत्येक राज्य में खोली जायें तथा उनका संचालन एक मज़बूत आयोग करे जो समय-समय पर वहाँ की क्वालिटी कंट्रोल का निरीक्षण भी करे। हेल्थ इंश्योरेंस सस्ते दरों पर की जाये तथा इसको कार्यान्वित करने की ज़िम्मेदारी सरकार ख़ुद उठाये।

मरीज़ों का रेफरल सुनियोजित तथा ग्रेडेड हो। ऐसा नहीं कि बुख़ार का मरीज़ भी 'एम्स' में चला आये। प्राथमिक स्वास्थ्य केन्द्र, सदर अस्पताल तथा राज्य

स्तरीय अस्पतालों को अपग्रेड किया जाये तथा उनका संचालन कठोर नियमावली के तहत हो, ताकि वहाँ पर अनियमितता नहीं बरती जा सके। स्वास्थ्य सुविधाओं का यह विकेन्द्रीकरण कई दृष्टियों से अनिवार्य है। दरअसल, आवश्यकता इस बात की है कि हर एक सरकारी अस्पताल में निजी अस्पतालों जैसी सुविधा मिले तथा मरीज़ों को ज़्यादा ख़र्च भी नहीं उठाना पड़े।

सुनने में शायद थोड़ा अटपटा लगे, पर सरकारी अस्पतालों में सुविधाएँ निःशुल्क नहीं होनी चाहिए। थोड़ी राशि अवश्य लेनी चाहिए, ताकि उन पैसों से अस्पताल ख़ुद भी काफ़ी हद तक स्वावलम्बी बन सके। बाक़ी सरकारी अनुदान तथा अन्य अनुदान तो है ही। ऐसी संस्थाओं के रखरखाव तथा विकास के लिए बहुत पैसों की ज़रूरत होती है। मरीज़ों से प्राप्त राशि पूरी तरह तो नहीं, पर कुछ हद तक इस आर्थिक दबाव को बाँटने में सार्थक होंगी। रही बात सर्वहारा की या ग़रीबी रेखा से नीचे तबके के मरीज़ों की तो उनके लिए सब कुछ निःशुल्क मुहैया कराने का निर्णय लेने की क्षमता संस्थान अधीक्षक में निहित होनी चाहिए।

इस पुस्तक में कुछ आम बीमारियों, कुछ आम होती बीमारियों तथा कुछ अचानक फूट पड़ने वाली संचारी या प्रसारजन्य बीमारियों की चर्चा की गयी है। दस्त, कुपाचन, पीलिया, मियादी बुख़ार, नकसीर, दमा, एनीमिया, टीबी आदि ऐसी ही कुछ आम बीमारियाँ हैं जिनसे आम जन को सालोंभर पाला पड़ता रहता है। मधुमेह, उच्च रक्तचाप, पेशाब का संक्रमण, थायरॉयड की कमी से होने वाली बीमारी, मोटापा, गुर्दों की क्षति और गुर्दों की पथरी आदि कुछ आम होती बीमारियाँ हैं जो हर किसी को नहीं होती। लेकिन ऐसी बीमारियाँ जब हो जाती हैं तो या तो ये जीवन भर बनी रहती हैं या इलाज से नियन्त्रण में रहती हैं, किसी-किसी मामले में ऑपरेशन की भी नौबत आ जाती है। कुछ बीमारियाँ फैलने वाली या प्रसरण प्रवृत्ति की होती हैं। अक्सर अख़बारों में इस तरह की खबरें आती रहती हैं कि किसी क़सबे या शहर या ज़िले में फ्लू/स्वाइन फ्लू या चिकनगुनिया या कालाजार या डेंगू फैल गया है। इन बीमारियों के फैलने पर आम आदमी घबरा जाता है और जब तक बचाव का कोई उपाय कर पाये 'केस' ख़राब से ख़राबतर होता चला जाता है। पुस्तक में इन बीमारियों से बचाव के तात्कालिक और फौरी उपाय सुझाये गये हैं।

पाठक पुस्तक पढ़कर बीमारियों के सम्बन्ध में जानें कि बीमारी कैसे होती है, बीमारी का रूप या प्रकार कैसा है, बचाव के उपाय क्या हैं। किन्तु यहाँ स्पष्ट किया जाता है कि पुस्तक में बीमारी विशेष के लिए उल्लेखित दवा/दवाओं का

पाठक अपनी मर्ज़ी से या अपने स्तर से उपयोग न करें। चिकित्सक के परामर्श से ही दवा लें और उनके सुझावों या परामर्शों के अनुसार ही चलें। पुस्तक में दवाओं या साल्ट के नाम केवल जानकारी के लिए लिखे गये हैं, स्वयं इलाज के लिए नहीं।

–डॉ. विन्दु अमिताभ

अनुक्रम

खण्ड-ग : प्रसारजन्य बीमारियाँ

परिशिष्ट

खण्ड-क : आम बीमारियाँ

दस्त, कब्ज़ तथा गैस की बीमारी

बार-बार शौच के लिए जाने की ज़रूरत और पतले मल को हम 'डायरिया' कहते हैं। दस्त के साथ अगर ख़ून तथा मवाद भी आये तो इसे 'डिसेंट्री' कहते हैं। दस्त को दो वर्गों में बाँटा जाता है, एक्यूट तथा क्रॉनिक डायरिया।

एक्यूट डायरिया : तात्कालिक कारणों से उत्पन्न डायरिया जो किसी संक्रमण, टॉक्सीन, औषधि, एंटीबायोटिक से उत्पन्न होती है। यह दो से तीन दिन तक रहता है।

क्रॉनिक डायरिया : तीन से चार सप्ताह या उससे अधिक समय तक चलने वाले दस्त को क्रॉनिक डायरिया कहते हैं। क्रॉनिक डायरिया में दस्त के अलावा और कई लक्षण देखने को मिलते हैं, जैसे वज़न कम होते जाना, शरीर में सूजन, कुछ विटामिन तथा आवश्यक तत्त्वों की कमी से उत्पन्न लक्षण, जैसे आँख की रोशनी में कमी, आँखों का सूखा दिखना तथा आँख के काले हिस्से का अलसर आदि (विटामिन ए की कमी), हड्डियों की कमज़ोरी (विटामिन डी की कमी), रक्त रिसाव के लक्षण (विटामिन की कमी), जीभ तथा मुँह के ऊपरी परत का लाल तथा सपाट दिखना जिनमें जहाँ-तहाँ छिलने तथा रक्त-रिसाव के भी लक्षण हों (विटामिन बी कॉम्प्लेक्स की कमी)।

जाँच :

1. मल की सामान्य जाँच तथा कल्चर : एक्यूट डायरिया के लिए बहुत महत्त्वपूर्ण है। संक्रमण प्रोटोजोआ, बैक्टीरिया या वर्म के कारण है इसका पता चल जाता है।

2. क्लौस्ट्रीडियम डेफसिली टॉक्सीन : यह एंटी बायोटिक प्रयोग के बाद उत्पन्न डायरिया के लिए विशेष लाभदायक सिद्ध होता है।

3. मल की ऑसमोललिटी : ऑसमोलल गैप <50 सिक्रीटरी डायरिया दरशाता है। आससोलल गैप >125—ऑसमोटिक डायरिया की ओर इंगित करता है।

4. मल के वसा की जाँच : अगर मल में वसा की मात्रा > 7 ग्राम/दिन है तो यह स्टियटोरिया या वसा पाचन त्रुटि दिखाता है।

5. बेरियम मील तथा फौलोथ्रू : बेरियम का थक्कों के रूप में दिखना आमाशय की पाचन अक्षमता दर्शाता है।

6. विल्लस बायोप्सी : दूरबीन द्वारा आँत के विल्लाई की बायोप्सी से आमाशय की पाचन क्षमता का पता करते हैं।

7. कोलोनोस्कोपी : दूरबीन द्वारा बड़ी आँत के अन्दर की स्थिति की जानकारी लेते हैं। यह कोलाइटिस पता करने में विशेष लाभदायक सिद्ध होता है।

उपचार :

1. उपयुक्त जल तथा लवणों की क्षतिपूर्ति।

2. लक्षणों का उपयुक्त इलाज, जैसे—दस्त कम करने वाली दवाइयों का प्रयोग
लोपरामाइड—2 से 4 मिग्रा. तीन से चार बार रोज़ या
डाइफेनोक्सिलेट—5 मिग्रा. ज़रूरत के अनुसार या एट्रेपिन आदि
पेक्टीन केवलीन, बिस्मथ—एक्यूट डायरिया में लाभदायक होता है।

3. ऑक्टियोट्राइड—100-200 एमजी. 2-3 बार रोज़—सिकरिटरी डायरिया में तथा अत्यन्त विषम परिस्थिति में, जहाँ कुछ कार्य नहीं कर रहा हो।

4. एंटी बायोटिक—कुछ संक्रामक डायरिया में या ब्लाइंड लूप सिंड्रोम में। स्यूडो मेंब्रेन्स कोलाइटिस में मेट्रोनिडाजोल या ओरल वैनको माइसिन ख़ासे कारगर साबित होते हैं।

कब्ज़

कब्ज़—मल के लिए कम बार जाना या अपूर्ण निकास को कब्ज़ कहते हैं।

कारण

1. कुछ दवाओं के कारण—जैसे कैल्शियम ब्लॉकर्स, ओपियम प्रोडक्ट्स, एंटी कोलीनार्जिक्स।

2. कुछ बीमारियों के कारण—थायराइड की कमी, मधुमेह का आँत की नसों पर कुप्रभाव, स्ल्केरोडर्मा इत्यादि।

3. मलद्वार पर कोई ज़ख़्म, फिसर, पाइल्स आदि हो तो

उपचार

व्यायाम बहुत ज़रूरी होता है। नित्य करना आवश्यक है।
भोजन में हरी सब्ज़ियाँ, फल (छिलके समेत) तथा रेशायुक्त तत्त्वों का अवश्य

प्रयोग करना चाहिए। अगर इनसे फ़ायदा नहीं हो रहा हो तो इसबगोल 4 चम्मच दो बार रोज़ देना चाहिए। इसके कारगर नहीं होने पर

1. डोक्युसेट सोडियम
2. कैस्टर आयल
3. बिसाकोडील
4. पाराफिन लिक्विड
5. फेनौफ्थैलिन
6. लैक्टुलोज
7. लैकिट्टौल
8. मैग्नेशियम साइट्रेट या सल्फेट
9. पाली इथाइलिन ग्लाइकौल (लैक्सी पेग)
10. लुबि प्रोस्टोन—नयी दवा

में से कोई एक चुना जाता है जो मरीज़ों की स्थिति के अनुसार तय किया जाता है। आमतौर पर पाराफिन, लैक्टुलोज, लैकिट्टौल तथा पेग ग्लाइकौल काफ़ी हद तक सुरक्षित तथा क्षतिरहित हैं और किसी मरीज़ को दिये जा सकते हैं। ये आदत लगाने वाली दवाइयों की श्रेणी में भी नहीं आते हैं जिससे आँतों में ज़ख़्म हो सके।

अगर दवाइयों का असर नहीं होता तो एनिमा देने की ज़रूरत पड़ती है। टैप वाटर या सोप वाटर एनिमा, फ्लीट एनिमा (सोडियम बाइफॉस्फेट), प्रोक्टोक्लिस एनिमा आदि बराबर प्रयोग में आने वाले एनिमा हैं जो कारगर तथा सुरक्षित हैं। कुल मिलाकर कब्ज़ के लिए सही भोजन, व्यायाम बहुत ज़रूरी है और दवाएँ कभी-कभार ही इस्तेमाल करना चाहिए।

गैस की बीमारी

यह एक आम लक्षण है जो प्रायः 25 वर्ष से ऊपर की आयु के लोगों में देखा जाता है। अधिकतर इससे ग्रस्त होता हैं। स्थूल और निष्क्रिय जीवन-शैली वाले लोग, जो मानसिक रूप से भी अस्थायी तथा उग्र हैं। पेट के पास का मोटापा तथा तृतीय तिमाही का गर्भ इन्हें ज़्यादा तीव्र बनाती हैं। यह पेट के अन्दर अम्ल का स्राव ऊपर जाने के कारण उत्पन्न होता है।

कुछ स्थितियाँ तथा बीमारियाँ ऐसी हैं जो रिफ्लक्स पैदा करती हैं और ये इस लक्षण को बढ़ाती हैं, जैसे मधुमेह, स्क्लोरोडर्मा, थायरायड की कमी, हायटस हर्निया, पेप्टिक अलसर, पार्किंसन डिजीज आदि।

कुछ दवाइयाँ ऐसी हैं जिनका सेवन करने से रिफ्लक्स बढ़ता है, जैसे एंटी कोलिनार्जिक समूह की दवाएँ, एंटी डिप्रेसैट, एंटी साइकोटिक, ओपियेट्स आदि।

कुछ भोजन सामग्रियाँ ऐसी हैं जिनसे गैस तथा रिफल्क्स बढ़ता है, जैसे तली हुई चीज़ें, घी तथा मक्खन से तैयार भोजन, मटर, राजमा आदि।

मानसिक तनाव, मानसिक जटिलताएँ, डिप्रेसन, फोबिया, एनक्जाइटी आदि इसे बहुत उग्र बनाती हैं। ग़ौरतलब बात है कि इनसे छुटकारा पाने वाली बहुत सारी औषधियाँ भी इसे बढ़ाती हैं इसलिए इसके इलाज में यह ध्यान रखना बहुत ज़रूरी है। कोलोनोस्कोपी, बेरियम एनिमा, सीटी स्कैन आदि करवाकर कुछ रोगों की पहचान की जा सकती है, पर अक्सर यह बिना किसी वजह के या अपर्याप्त व्यायाम, अपर्याप्त खाद्य अवयवों के कारण होता है।

डकार, पेट भारी लगना, थोड़ा खाने से भी पेट फूला लगना, भूख की कमी, शीघ्र भूख से सन्तुष्टि, छाती में दर्द, गले में जलन, दाँतों का क्षय (इरोजन), खाँसी तो कभी दमे का प्रकोप इसके आम लक्षण हैं।

मरीज़ों को हिदायत दी जाती है कि कम-कम, परन्तु कुछ-कुछ देर पर खायें। एक बार ज़्यादा खाने से तकलीफ़ बढ़ती है तथा अफारापन असहनीय हो जाता है। खाने के बाद आधे घंटे तक लेटना लाभदायक होता है, ख़ासकर सिरहाने को थोड़ा ऊपर उठाकर। खाने के तुरन्त बाद पानी नहीं पीयें। अच्छा यह होता है कि खाने के 45 मिनट के बाद इच्छानुसार पानी पीयें। भोजन में घी, तेल आदि का कम-से-कम प्रयोग करें।

अगर खाने से सम्बन्धित हिदायतों के बावजूद लक्षण मौजूद रहते हैं तो कुछ औषधियों का प्रयोग करना चाहिए। प्रोकाईनेटिक औषधियाँ—मेटक्लोप्रामाइड, डौमपेरिडोन, ईटोप्राइड, लीवोसल्पीराइड, टेगेसेरौड आदि बहुत लाभदायक होती हैं। इन्हें भोजन से आधे घंटे पहले लेना चाहिए। अन्य हिदायतें तो बरतनी ही होंगी।

इसके अतिरिक्त अम्ल की तीव्रता को काटने के लिए पीपीआई—पैटेप्रजोल, ओमेप्रजोल आदि लेना चाहिए।

भोजन में हरी सब्ज़ियाँ, छिलके वाले फल तथा अंकुरित अन्न अवश्य लेना चाहिए।

इन सब विधियों से अगर बात नहीं बनती तो अन्ततः शल्य चिकित्सा का सहारा लेना पड़ता है।

ज्ञात हो कि कुछ बीमारियाँ ऐसी हैं जो गैस की बीमारी का लक्षण प्रस्तुत करती हैं और इसका ध्यान रखना चाहिए, अन्यथा भारी भूल हो सकती है।

हृदयरोग तथा पित्त की थैली की पथरी या कैंसर ऐसे लक्षण देते हैं और इनकी जाँच करवा लेना आवश्यक होता है।

अगर कुछ भी पास न हो और लक्षण ज़्यादा सता रहे हों तो एंटासिड की गोली या शर्बत उससे फ़ौरन राहत दिला सकते हैं। एंटासिड की गोलियाँ 'ओवर द काउंटर प्रोडक्ट' हैं और किसी भी दुकान में उपलब्ध होती हैं।

कुपाचन, दस्त, हैजा

अचानक से दस्त प्रायः आँतों के संक्रमण से होता है। कुछ में यह अन्य कारणों से भी हो सकता है, जैसे कुछ औषधियों के प्रयोग के फलस्वरूप या कुछ और बीमारियों की मौजूदगी के कारण।

आँतों के संक्रमण के अन्तर्गत वायरसों (रोटा वायरस, नोरी वायरस), बैक्टीरियाओं (इ. कोलाई, शिगेला, विब्रियो कौलरा, सालमोनेला तथा कैम्पाइलोबैक्टर) तथा प्रोटोजोआओं (जियार्डिया, अमीबा, क्रिप्टो स्पोरिडियम, माइक्रोस्पो रिडियम आदि) का नाम आता है।

विश्व स्वास्थ्य संगठन (डब्ल्यूएचओ) के मुताबिक़ विश्व में क़रीब एक अरब नये मरीज़ प्रति वर्ष उत्पन्न हो जाते हैं जिनमें 30-40 लाख लोगों की मृत्यु हो जाती है। विकासशील तथा पिछड़े देशों में इसका प्रतिशत बहुत ज़्यादा है और यह मूलतः स्वच्छ पीने के पानी की समस्या से प्रभावित है। रोग के सम्बन्ध में जानकारी का अभाव तथा इसके प्रसारण की लोगों में अज्ञानता इस बीमारी के बढ़ने तथा फलने-फूलने में ख़ूब मदद करते हैं।

रोग की शुरुआत कुछ ख़राब, बासी या मक्खियों से आच्छादित या दूषित भोजन या पानी के प्रयोग से शुरू होती है। बासी भोजन बैक्टीरिया तथा वायरसों के तेज़ रफ़्तार से फैलने में बहुत मदद करता है और अगर ऐसे भोजन का प्रयोग किया जाये तो दस्त की बीमारी लग सकती है। इसलिए यह महत्त्वपूर्ण है कि आप केवल स्वच्छ, सुरक्षित तथा ताज़ा भोजन का ही प्रयोग करें। इसी प्रकार, पीने वाला जल भी बिल्कुल साफ़ और सुरक्षित होना चाहिए। अगर पीने वाले पानी की गुणवत्ता के विषय में सन्देह है तो इसे उबालकर ठण्डा कर पीयें।

रोग के लक्षण के रूप में लगातार दस्त, उलटी, कमज़ोरी, हलका बुख़ार, बदन दर्द, पेशाब का कम होना, पेटदर्द आदि हैं। मरीज़ को सख़्त कमज़ोरी का अनुभव होता है तथा शरीर शिथिल पड़ने लगता है। जाँच करने पर रक्तचाप

की कमी, चमड़ी का सिकुड़ जाना, आँखों का अन्दर की ओर धँस जाना, नाड़ी तीव्र होना आदि सामने आता है।

सबसे ज़्यादा ज़रूरी है मरीज़ के परीक्षण-उपरान्त यह तय करना कि शरीर से कितने जल का क्षय हुआ है। डिहाइड्रेशन के प्रतिशत, रक्तचाप, नाड़ी-गति, पेशाब की मात्रा तथा चमड़ी की शुष्कता या लचीलापन के आधार पर हम तय करते हैं कि क्या इलाज शुरू करें।

जाँच :

1. दस्त की सामान्य (रुटीन) जाँच जिसमें रक्तकणों, परजीवी, केंचुएँ, सिस्ट तथा ओवा आदि देखे जा सकें।
2. दस्त का कल्चर
3. सीरम सोडियम, पोटाशियम, क्लोराइड आदि
4. रक्त यूरिया तथा सीरम क्रियेटिनिन आदि

निदान का मुख्य उद्देश्य जलक्षय की पूर्ति है और अगर यह समय से किया जाये तो और कोई परेशानी नहीं आती है। जल के साथ लवणों का भी ख़ासा नुक़सान होता है और इनकी आपूर्ति भी अत्यन्त आवश्यक है। जलक्षय तथा लवणों के स्तर को देखकर हम तय करते हैं कि कौन-से तरल का प्रयोग करें।

आमतौर पर देखा गया है कि निम्न से मध्य स्तर के जलक्षय में जहाँ मरीज़ को 6 से 10 दस्त रोज़ हो रहे हों, 2 से 4 लीटर जल तथा लवण का नुक़सान होता है। उलटी में हो रहे नुक़सान को अलग जोड़ना है। ऐसे मरीज़ों को एक से डेढ़ लीटर नॉर्मल सेलाइन नसों के द्वारा देना चाहिए। जब तक नसों से नहीं दिया जा पा रहा हो ओ.आर.एस. का घोल लगातार देते रहना चाहिए। प्रत्येक दस्त में क़रीब 200 मिली. का नुक़सान होता है। अतः प्रत्येक दस्त तथा उलटी में हुए नुक़सान को जोड़ते हुए लगातार हो रहे नुक़सान को आँका जा सकता है जिसे पूरा करने की आवश्यकता होती है। शरीर की अपनी दैनिक जल की ज़रूरत को तो पूरा करना ही है जो क़रीब एक से डेढ़ लीटर होता है।

गम्भीर जलक्षय में : प्रति दिन नुक़सान क़रीब 5 से 6 लीटर का होता है। लवणों का नुक़सान भी काफ़ी होता है। ऐसी स्थिति में पहले तीन घंटे में क़रीब 3 लीटर नॉर्मल सेलाइन नसों से दे देते हैं। इसके बाद जल-पूर्ति की गति कम कर देते हैं। दैनिक आवश्यकता तो पूरी करनी ही है। सी.वी.पी. लाइन डालकर यह देखते रहना चाहिए कि जल देने के क्रम में अत्यधिक मात्रा तो नहीं दे दी गयी।

कॉलरा या हैजा में : जलक्षय 12 लीटर या उससे भी अधिक होता है। इनमें निरन्तर जलक्षय भी बहुत होता है। अतः चौड़े मुँह वाली सूई से तेज़ी से जल-पूर्ति शरू करते हैं और देखते रहते हैं कि पर्याप्त जल दिया जा रहा है या नहीं।

दस्त में जलक्षय सबसे बड़ी समस्या है और इसकी आपूर्ति इसका एकमात्र निदान है। बाक़ी मुद्दों को हल करना आसान होता है।

एंटीबायोटिक्स : कुछ कारणों को छोड़कर इनका प्रयोग या तो बेकार है या हानिकारक। हैजा, शिगेला, सालमोनेला संक्रमण में इसका सही इस्तेमाल होता है और दिया जाना चाहिए। हैजा के लिए टेट्रासाइकलिन–250 मिग्रा. x 4–3 दिन या सिप्रोफ्लौक्सासिलिन 500 मिग्रा. 1x 2 - 3 दिन या फ्युरौक्सौन तीन बार रोज़ तीन दिन या डॉक्सीसाइक्लिन 100 मिग्रा. की तीन गोलियाँ एक साथ एक बार काफ़ी होते हैं।

शिगेला सालमोनेला के लिए सिप्रोफ्लौक्सासिन, सेफ्यूरोक्साइम, सेफट्रायोक्सोन आदि कारगर होते हैं।

लोपरामाइड, डाइफेनौक्सीलेट आदि संक्रामक दस्त में हानिकारक माने जाते हैं और इनका प्रयोग नहीं करना चाहिए। उलटी रोकने के लिए–डॉमपेरिडौन, स्टेमेटिल या ऑन्डेसेंट्रौन देते हैं।

बचाव : इलाज से ज़्यादा बचाव का महत्त्व है। साफ़ गर्म भोजन, साफ़ जल आदि सबसे ज़रूरी है। नगरपालिका द्वारा प्रेषित जल जगह-जगह पाइपों के फूटे होने की वजह से दूषित होता हैं। ऐसे जल को फिल्टर करें या उबालकर ठण्डा कर प्रयोग करें। आर.ओ. सिस्टम एक अच्छा विकल्प है। संचित जल को ढककर रखें। खाना अगर बच गया हो तो इसे फ्रिज में रखें। पका हुआ खाना बाहर नहीं रखना चाहिए। हैजे का वैक्सीन उपलब्ध है। जल के बारे में संशय हो और कोई विकल्प मौजूद नहीं तो इसमें क्लोरीन की गोली डाल दें तथा कुछ देर के बाद इस्तेमाल करें। तालाबों और कुओं के पास कपड़ा न धोएँ और ध्यान रखें कि इस्तेमाल किया हुआ पानी कुएँ में तो नहीं गिर रहा। खुले में शौच न करें। खुले में शौच से समूचा वातावरण, जल आदि दूषित हो जाते हैं और यह बहुत सारी बीमारियों का कारण बनता है। हैजा, गैस्ट्रोइंटेराइटिस इसी कारण से होने वाली बीमारियाँ हैं।

मियादी बुख़ार (टाइफाइड)

यह बुख़ार मनुष्यों में सालमोनेला टाइफी नामक बैक्टीरिया के द्वारा होता है तथा शुरू में यह आँतों को ग्रसित करता है। एंटेरिक फीवर के अन्तर्गत टाइफाइड तथा पाराटाइफाइड दोनों आते हैं। पाराटाइफाइड सालमोनेला पाराटाइफी ए, बी तथा सी द्वारा होता है। एंटेरिक फीवर का 90 प्रतिशत मरीज़ टाइफाइड के कारण होता है; केवल दस प्रतिशत पाराटाइफाइड के मरीज़ होते हैं।

यह बुख़ार विश्व के हर कोने में होता है तथा यह दूषित पानी या खाद्य पदार्थों के सेवन से फैलता है। जल तथा भोजन की सामग्रियाँ जिनमें यह बैक्टीरिया मौजूद हो वैसे मनुष्यों को तुरन्त ग्रसित करता है जिनमें इसके विरुद्ध लड़ने की क्षमता नहीं हो या फिर जिनमें इसके विरुद्ध प्रतिकारक (एंटीबडी) नहीं हों।

पिछड़े तथा विकासशील देशों में इसकी समस्या ज़्यादा है क्योंकि वहाँ शुद्ध जल अभी तक सबको प्राप्त नहीं है। क़रीब डेढ़ करोड़ नये मरीज़ हर साल उत्पन्न हो जाते हैं जिनमें क़रीब दो-तीन लाख लोगों की मृत्यु हो जाती है। भारत में भी इसका प्रकोप ख़ासा है और देश के सभी प्रान्तों में यह होता रहता है।

यह सभी आयु के लोगों में देखा जाता है, पर 10-30 वर्ष की आयु में इसकी सम्भावना सबसे अधिक होती है। स्त्री तथा पुरुषों में यह समान रूप से होता है। मनुष्य ही इसका एकमात्र आश्रय है और रोग का प्रसार एक से दूसरे में होता है। इनक्यूबेशन अवधि 1-3 सप्ताह का होता है जब लक्षण दिखना शुरू हो जाता है। मरीज़ों द्वारा इस रोग के प्रसारण की क्षमता तब तक बनी रहती है जब तक बैक्टीरिया मल तथा मूत्र दोनों से साफ़ नहीं हो जाता।

दूषित जल या भोजन के माध्यम से आँत में पहुँचने के बाद यह छोटी आँत के अन्तिम भाग में अपना घर बनाता है। वहाँ स्थित लिम्फ ग्रन्थियों में इनका तेज़ी से विभाजन होता है जिससे ये ग्रन्थियाँ सूज जाती हैं तथा इनके ऊपरी परत पर छोटे-छोटे घाव या ज़ख़्म बन जाते हैं। यहाँ से रिसाव हो सकता है तथा कुछ

में आँतों में सूराख़ बन जाता है; आँत फट जाते हैं। यह बहुत गम्भीर रूप होता है इस बीमारी का और इसमें मृत्यु भी हो सकती है। छोटी आँत से निकलकर यह लिवर, गॉल ब्लाडर, तिल्ली गुर्दे तथा हृदय को भी ग्रसित कर सकती हैं।

लक्षण : सिरदर्द, कब्ज़, बुख़ार, बदन दर्द, भूख नहीं लगना, कमज़ोरी, उलटी आदि। नब्ज़ बुख़ार के अनुपात में धीमा होता है। बुख़ार जिसकी कुछ ख़ास प्रकृति होती है—शुरू के तीन-चार दिनों में यह रोज़ 1 से 2 डिग्री बढ़ता जाता है और पाँचवें दिन के बाद यह निरन्तर बढ़े हुए स्तर पर कायम रहता है। 10-12 दिन के बाद बुख़ार धीरे-धीरे नीचे उतरने लगता है। जीभ के ऊपर सफ़ेद परत जैसी आ जाती है। पेट फूला हुआ दिखता है। हल्की खाँसी हो सकती है तथा नाक से ख़ून आ सकता है।

दूसरे हफ़्ते में तिल्ली बढ़ी मिल सकती है तथा शरीर पर लाल छोटे दाने दिखाई पड़ सकते हैं।

तीसरे हफ़्ते तक जाते-जाते मरीज़ बहुत बीमार हो जाता है और होश खोने लगता है। मलद्वार से ख़ून आ सकता है। मांसपेशियों में कम्पन मिल सकता है। ऐसे मरीज़ों की मृत्यु भी हो सकती है।

सौभाग्यवश अब कारगर औषधियाँ उपलब्ध हैं और इस चरण तक पहुँचने के पहले मरीज़ ठीक हो जाते हैं।

पाराटाइफाइड के लक्षण टाइफाइड जैसे ही होते हैं। अन्तर इतना है कि उग्रता कम होती है तथा यह कम अवधि तक रहता है। जटिलताओं की भी सम्भावना कम रहती है इनमें। शरीर पर लाल दाने इसमें ज़्यादा देखने को मिलते हैं।

पहचान–

पहले सप्ताह के लिए जाँचें :

1. रक्त का कल्चर : यह पहले सप्ताह की बीमारी के लिए सबसे अच्छी जाँच है। मल, मूत्र तथा बोन मैरो कल्चर भी करवा सकते हैं, पर ये रक्त कल्चर से कमज़ोर माना गया है।

2. बैक्टीरियल एंटीजन : रक्त में या पेशाब में देखा जा सकता है। यह भी पहले सप्ताह की बीमारी के लिए जाँच है, पर कल्चर की अपेक्षा कमज़ोर माना गया है।

3. रक्त की सामान्य जाँचें : टी.सी., डी.सी.–टी.सी. कम होता है तथा न्युट्रोफिल कम मात्रा में होते हैं।

4. एल.एफ.टी. : बिलीरुबिन तथा एनजाइम्स थोड़ा बढ़े होते हैं।

दूसरे सप्ताह की जाँचें–

विडाल टेस्ट : यह जाँच दूसरे सप्ताह की जाती है क्योंकि यह एंटीबडी पर आधारित जाँच है और एंटीबडी एक सप्ताह के बाद ही बनते हैं।

उपचार–

खान-पान का परहेज : हलका, बिना मिर्च मसाले वाला, सुपाच्य खाना अच्छा होता है। थोड़ा-थोड़ा, पर हर थोड़ी देर बाद खिलाना अच्छा रहता है।

पारासिटामल की गोलियाँ बुख़ार उतारने के लिए दी जाती हैं। एनसेडस का प्रयोग नहीं करना चाहिए। तरल पदार्थों की अधिक मात्रा दी जानी चाहिए।

एंटीबायोटिक–सेफट्रायोकसोन, सेफिक्सीजाइम, सिप्रोफ्लोक्सासिन, ओफ्लोक्सासिन, सेफोपेराज़ोन, क्लोरामफेनिकौल, कोट्रिमोक्साजोल, एमोक्सीसिलिन, फ्यूराजोलिडिन आदि दवाएँ हैं जो बहुत कारगर माने गये हैं, पर इनमें सबसे अच्छा सेफट्रायोकसोन गाना गया है। इसे 2–4 ग्राम रोज़ दो बार में देते हैं। बुख़ार पाँचवें दिन तक अवश्य नीचे आ जाता है। लेकिन इलाज दो हफ़्ते तक जारी रखना चाहिए, नहीं तो दुबारा होने की सम्भावना रहती है।

सेफिक्साइम, सिप्रोफ्लोक्सासिन, ओफ्लोक्सासिन भी बहुत कारगर है तथा गोलियों के रूप में उपलब्ध है जो मरीज़ों के लिए लेना आसान होता है। पर इनकी क्षमता सेफट्रायोक्सोन जितनी नहीं है। सेफट्रायोक्सोन में रेजिस्टेंस की सम्भावना भी न के बराबर है।

क्लोरामफेनिकॉल बहुत ही अच्छी दवा मानी जाती है, पर इससे उत्पन्न एप्लास्टिक एनीमिया के प्रकोप ने इसका इस्तेमाल प्रायः बन्द कर दिया है। इसका प्रयोग अब केवल उन अवस्थाओं में किया जाता है जब रेजिस्टेंट टाइफाइड की सम्भावना है।

एजिथ्रोमाइसिन भी एक एंटीबायोटिक है जो रेजिस्टैंट स्ट्रेनों पर बहुत असरदायक माना जाता है। जहाँ रेजिस्टैंट स्ट्रेन के संक्रमण की सम्भावना है वहाँ अक्सर दो औषधि का प्रयोग करते हैं जैसे सेफट्रायोकसोन तथा एजिथ्रोमाइसिन अथवा सिप्रोफ्लोक्सासिन।

पाराटाइफाइड के लिए कोट्राइमोक्साजोल या फ्यूरोक्सौन या एमौक्सिसिलिन कारगर होते हैं। इसके अतिरिक्त टाइफाइड में इस्तेमाल होने वाली समान औषधियों का भी प्रयोग कर सकते हैं।

बचाव : कुल मिलाकर यह कहा जा सकता है कि इस रोग से बचने तथा निदान दोनों के साधन मौजूद हैं। स्वच्छ जल, ताज़ा गर्म खाना तथा सफ़ाई सम्बन्धित बुनियादी हिदायतें रोग की रोकथाम के लिए पर्याप्त हैं।

इसके लिए वैक्सीन उपलब्ध हैं, पर इसे हर दो से तीन साल पर लेना होगा। वैक्सीन सूई तथा मुँह से लेने वाले रूपों में बाज़ार में मिलते हैं।

नकसीर (नाक से ख़ून आना)

नाक से ख़ून आना एक आम समस्या है और इसके बहुत सारे कारण होते हैं। इनके इलाज से इसे रोका जा सकता है, पर ज़्यादातर स्थिति में किसी कारण के बग़ैर ही नाक से ख़ून आता है। नाक में चूँकि रक्त धमनियों का बहुत ही ज़्यादा संचार पाया जाता है अतः जब कभी भी नाक के अन्दर छोटी-सी भी छिलन या चोट आती है तो भयानक रक्तस्राव होता है। रक्तक्षय से ज़्यादा भयानक रक्तस्राव का दृश्य होता है।

इसके प्रमुख कारण नाक में चोट या खरोंच, ख़ून के रिसने तथा थक्का नहीं बनने की स्थिति, बच्चों में एडेन्व्याड की समस्याएँ, नाक में मक्खियों तथा लीचों का संक्रमण, हृदय, लिवर तथा गुर्दे की बीमारियाँ, कुछ बुख़ार जिनमें टाइफाइड, स्कार्लेट फीवर, ख़सरा, फ्लू, डिफ्थेरिया, डेंगू तथा चिकनगुनिया आदि शामिल हैं, कुछ कैंसर, कुछ दवाएँ जैसे एस्पिरिन, एनसेइस, क्लोपिडोगरेल आदि तथा कुछ रक्त सम्बन्धित बीमारियाँ जैसे एनीमिया, ल्यूकेमिया आदि होते हैं। विटामिन 'सी' की कमी से स्कर्वी रोग होता है। उसमें भी नाक से ख़ून आ सकता है। उच्च रक्तचाप में नाक से ख़ून आना एक सामान्य लक्षण है और सभी ऐसे मरीज़ों का रक्तचाप अवश्य देखना चाहिए। रक्तचाप के सामान्य दायरे में आ जाने के बाद भी रक्त रिसाव जारी रह सकता है और पैकिंग की आवश्यकता पड़ सकती है।

इन सभी के अतिरिक्त शुष्क मौसम में नाक के अन्दर की झिल्ली के सूख जाने से स्राव होता है और यह इसका सबसे प्रमुख कारण है।

अगर ख़ून बूँद-बूँद कर आ रहा हो तो नाक को दोनों तरफ़ से उँगलियों तथा अँगूठे के बीच पकड़कर दबाये रखते हैं। थोड़ी देर में ख़ून आना बन्द हो जाता है। ख़ून आना बन्द नहीं हो रहा हो तो डॉक्टर को दिखाना अनिवार्य होता है।

अगर ख़ून तेज़ गति से आ रहा हो तो बिना समय गँवाये डॉक्टर के पास ले जाना चाहिए। इस बीच नाक को दबाये रखने की प्रक्रिया बरकरार रखते हैं।

चिकित्सक नाक को किसी एंटीसेप्टिक द्रव से साफ़ कर ख़ून निकलने की जगह को देखने की कोशिश करता है तथा हाइड्रोजन पेरोक्साइडयुक्त गॉज पीस से नाक के अन्दर ठेपी या प्लग लगाता है। अगर इससे ख़ून आना बन्द हो जाये तो प्लग को 48 घंटे तक लगा रहने देते हैं। ख़ून साधारणतया नाक के अगले हिस्से से आता है और गॉज वाले प्लग से रुक जाता है। पर कुछ में यह नाक के पिछले हिस्से से आता है जिसको खोज पाना मुश्किल होता है। ऐसे में नाक के दूर अन्दर पॉस्टिरियर प्लगिंग करते हैं। इसके अतिरिक्त एक विधि है जिसमें रोज़-कूपर बैग नाक के अन्दर डालकर इसे फुला देते हैं जिसके दबाव से रक्त बन्द हो जाता है।

जिन्हें नाक से बार-बार ख़ून आने की समस्या हो उनमें नाक के अन्दर, अगले हिस्से में केमिकल या विद्युतजनित कॉट्राइजेशन करते हैं। रासायनिक कॉट्राइजेशन में ध्यान रखा जाता है कि नाक के सेप्टम में छेद नहीं बन जाये। अधेड़ उम्र के व्यक्तियों में रेडियोथेरापी देकर ख़ून बन्द कर देते हैं।

कुछ मरीज़ों में जिन्हें बार-बार ख़ून आने की समस्या है तथा जाँच में कोई ख़राबी नहीं दिख रही हो, यह पाया गया है कि नाक के अन्दर की झिल्ली शुष्क मौसम की वजह से बिल्कुल सूखी होती है। इन्हें यह बताया जाता है कि नाक के अन्दर हर थोड़ी देर के बाद पेट्रोलियम जेली अथवा लिक्विड पाराफिन लगाते रहें जिससे म्युकोसा नरम रहे और सूखने के कारण दरककर फट नहीं जाये। मरीज़ को यह भी हिदायत देते हैं कि नाक ज़ोर से नहीं सिरकें। अगर पेट्रोलियम जेली अथवा पाराफिन उपलब्ध नहीं हो तो कोई भी तेल का प्रयोग कर सकते हैं, जैसे नारियल तेल या सिर में लगाने वाला कोई और तेल।

एक बार ख़ून आना बन्द हो जाये तो मरीज़ों को कुछ जाँच कराना आवश्यक होता है। रक्तचाप बार-बार देखकर तय किया जाता है कि उच्च रक्तचाप की सम्भावना है या नहीं। उच्च रक्तचाप की स्थिति में इसका समुचित इलाज आवश्यक है तथा रक्तचाप को नियन्त्रित दायरे में होना चाहिए।

अगर मरीज़ कोई ऐसे औषधि का सेवन कर रहा हो जिससे ख़ून आने की सम्भावना है तो इसे तुरन्त बन्द कर देना चाहिए। आम तौर पर अधेड़ उम्र के मरीज़ एस्पिरिन, क्लोपिडोगरेल ख़ून को पतला रखने के लिए ले रहे होते हैं। कुछ हृदय तथा लकवा के मरीज़ भी इसको नियम से लेते हैं। वहाँ यह मुश्किल आती है कि औषधियों का प्रयोग बन्द करें या न करें। चिकित्सक को तय करने देना चाहिए कि लाभ तथा हानि के पलड़े में कौन भारी पड़ रहा है।

स्वतः रक्तस्राव तथा आनुवांशिक ख़ून के थक्के नहीं बनने वाली बीमारियों में उक्त रोग के इलाज के लिए अनुमोदित औषधियों या क्लौटिंग फैक्टर्स का प्रयोग आवश्यक होता है, जैसे कि हिमोफीलिया में एफ.एफ.पी. या क्रायोप्रेसियिटेट या फैक्टर–8।

यकृत तथा गुर्दे के फेलिअर में इनका समुचित इलाज रक्तस्राव रोक देता है।

जाँचों की श्रेणी में ख़ून के थक्का बनने सम्बन्धित परीक्षण, गुर्दे तथा यकृत की कार्यकारी क्षमता सम्बन्धित परीक्षण तथा कुछ बुख़ारों की जाँच की जाती है।

यदि सभी जाँच ठीक है, गुर्दे तथा यकृत की बीमारी नहीं है, कुछ कैंसर, ल्यूकीमिया तथा एल्पास्टिक एनीमिया आदि नहीं है और किसी रक्तस्राव कराने वाली औषधि का भी सेवन नहीं किया जा रहा हो तो यह दर्शाता है कि मौसमी कारणों से नाक की अन्दरूनी परत सूख गयी है जो रक्तस्राव करा रहा है। यही सबसे प्रमुख कारण है इस बीमारी का।

क्रॉनिक ब्रौंकाइटिस तथा दमा

साँस की अवरोधात्मक बीमारियों में दो प्रमुख हैं : दमा तथा क्रॉनिक ब्रौंकाइटिस। आमतौर पर दोनों को एक ही समझा जाता है, परन्तु दोनों एक-दूसरे से काफ़ी भिन्न हैं। दोनों के लक्षण एक-दूसरे से बहुत मिलते हैं, पर यहीं तक इनकी समानता है। अन्य हर पहलू में दोनों एक-दूसरे से अलग है। क्रॉनिक ब्रौंकाइटिस का मुख्य कारण धूम्रपान तथा प्रदूषण है जबकि दमा एलर्जी से होता है। क्रॉनिक ब्रौंकाइटिस निरन्तर रहता है जबकि दमा आमतौर पर किसी अवधि के लिए अथवा तात्कालिक होता है। क्रॉनिक ब्रौंकाइटिस का प्रकोप जाड़े के मौसम में ज़्यादा होता है जबकि दमा ग्रीष्म तथा बारिश के मौसम में ज़्यादा होता है। क्रॉनिक ब्रौंकाइटिस में खाँसी और बलगम मुख्य लक्षण हैं जबकि दमे में साँस फूलती है। हालाँकि दोनों एक-दूसरे के लक्षण चुरा सकते हैं तथा दोनों में दोनों के मुख्य लक्षण प्रधानतः उपस्थित हो सकते हैं।

क्रॉनिक ब्रौंकाइटिस रात के समय सामान्यतः नहीं होती जबकि दमा किसी भी वक़्त हो सकता है। क्रॉनिक ब्रौंकाइटिस का मरीज़ शरीर में जल तथा सोडियम के जमा होने के फलस्वरूप मोटा होता है जबकि दमा के साथ यह सत्य नहीं।

दो अटैक के बीच दमा का मरीज़ तक़रीबन ठीक-ठाक होता है जबकि क्रॉनिक ब्रौंकाइटिस में मूल व सामान्य स्थिति कभी प्राप्त नहीं होती। मरीज़ को सालों भर खाँसी, कफ तथा साँस फूलने की शिकायत रहती है जो समय-समय पर भीषण रूप धारण कर लेती है। ऐसी हालत में अस्पताल में दाख़िल होने व वेंटीलेटर पर रहने की आवश्यकता पड़ सकती है। समय पर उपयुक्त इलाज नहीं मिले तो मरीज़ की मृत्यु भी हो सकती है। बीच-बीच में रोग के बढ़ जाने के कारण फेफड़ों तथा साँस की नली में संक्रमण होता है। इस प्रकार यह स्पष्ट है कि दमा तथा क्रॉनिक ब्रौंकाइटिस दो अलग बीमारियाँ हैं। परिभाषा के अनुसार क्रॉनिक ब्रौंकाइटिस तब माना जाता है जब किसी मरीज़ को कफ तथा बलगम की शिकायतम प्रतिवर्ष लगातार तीन महीने हो और यह स्थिति लगभग दो

वर्षों तक बनी रहे। साथ ही चिकित्सकीय जाँच में बलगम के कुछ कारण जैसे ब्रॉन्किएटेसिस तथा दमा आदि को ख़ारिज किया जा चुका हो।

क्रॉनिक ब्रौंकाइटिस के मुख्य कारण हैं—वातावरण में उपस्थित प्रदूषण, जैसे धूलकण, धुआँ, चिमनियों तथा फैक्ट्रियों से निकलती गैसें आदि, साँस की नली का संक्रमण, चिपचिपा वातावरण, कुहासा, बदली तथा वायुमंडलीय तापमान का उतार-चढ़ाव, धूम्रपान, सिगरेट, बीड़ी आदि।

उपयुक्त स्थितियाँ साँस की नली में उपस्थित (श्लेष्मा ग्रन्थियों तथा कोशिकाओं की संख्या कम करती है और साथ ही) सीलियायुक्त कोशिकाओं की संख्या कम करती है जिसके फलस्वरूप श्लेष्मा अत्यधिक मात्रा में जमा होने लगता है। चूँकि इसका निष्कासन सीलियायुक्त कोशिकाओं की कमी के कारण नहीं हो पाता है, फलतः साँस की नलियाँ अवरुद्ध हो जाती हैं। नतीजा होता है कोशिकाओं की सूजन, जो श्वसन-नलियों को और सँकरा बना देती है। और फिर प्रकट होता है साँस का फूलना, खाँसी, कफ, संक्रमण का दैत्य।

क्रॉनिक ब्रौंकाइटिस में साँस की समस्या दिनोंदिन बदतर होती जाती है और पूर्व स्थिति कभी प्राप्त नहीं होती। अतः रोग के प्रत्येक चक्र में साँस की नलियाँ तथा इनकी शाखाएँ नष्ट होती जाती हैं। कुछेक सालों के पश्चात फेफड़ों के कार्य करने की क्षमता काफ़ी कम हो जाती है और ऐसे मरीज़ थोड़ा भी शारीरिक व्यायाम, यानी दौड़ आदि बर्दाश्त करने की स्थिति में नहीं होते हैं।

क्रॉनिक ब्रौंकाइटिस के अटैक मुख्यतः साँस की नली के संक्रमण से शुरू होते हैं जो नलिकाओं के व्यास को कम कर देते हैं। साँस छोड़ने की प्रक्रिया ज़्यादा अवरुद्ध-सी महसूस होती है जिसके फलस्वरूप हवा फेफड़ों की श्वसन इकाइयों में फँसकर रह जाती हैं और परिणामस्वरूप ये इकाइयाँ फूल जाती हैं। कुछ तो फूलकर फट जाती हैं। यह क्रिया लगातार चलती रहती है। अर्थात कुछ सालों के बाद फेफड़े फूलकर बड़े हो जाते हैं और इनकी फैलने-सिकुड़ने की क्षमता क़रीब ख़त्म हो जाती है। कार्य की दृष्टि से फेफड़े अक्षम हो जाते हैं।

अब जानिए रोग के लक्षणों को जिससे आप दमा से इसका भेद समझ सकें। खाँसी, कफ, बलगम, साँस फूलना, छाती में जकड़न महसूस होना; साँस में सीटी जैसी आवाज़ निकलना; काफ़ी खाँसने के बाद भी काफ़ी कम थूक आना; होंठों, जीभ तथा गालों का नीला पड़ना; साँस लेने के लिए गर्दन, छाती तथा पेट की मांसपेशियों का अधिक ज़ोर लगाना आदि। पूरी तरह साँस लेने के लिए रोगी किसी चीज़ से सहारा लेता है। इसके अलावा रोगी के शरीर में सूजन हो सकती है।

क्रॉनिक ब्रौंकाइटिस में इसकी गम्भीरता जानने के लिए आवश्यक होता है कि रोगी के ख़ून की सामान्य जाँचें, थूक, बलगम की जाँच, छाती का एक्स-रे, पल्मोनरी फंक्शन टेस्ट, ब्लड गैस एनालिसिस, पल्स ऑक्सी मीटरी, बलगम का कल्चर और स्टेनिंग आदि किया जाये।

क्रॉनिक ब्रौंकाइटिस के उपचार का मुख्य उद्देश्य होता है, साँस की नली के संक्रमण को ख़त्म करना, सिकुड़ चुकी या सँकरी हो गयी साँस की नलियों को फिर से फैलाना, वातावरण में उपस्थित प्रदूषण को कम करने अथवा इससे बचने के उपाय सुझाना, साँस लेने का सही तरीक़ा बताना, बेहोश या बेहोशी की आशंका वाले मरीज़ों में फिजियोथेरापी की मदद से बलगम निकालना। इसके अलावा वेंटीलेटरी फेलिअर में कृत्रिम सहायक श्वसन अर्थात वेंटीलेटरी सपोर्ट देना तथा आवश्यकतानुसार रोगी के घर पर ऑक्सीजन व्यवस्था सुनिश्चित करना होता है।

साँस की नली में संक्रमण का शीघ्रातिशीघ्र इलाज बहुत ज़रूरी है, अन्यथा टाइप-2 रेस्पीरेटरी फेलिअर का डर रहता है जो जानलेवा साबित हो सकता है। संक्रमण के लक्षण के रूप में रोगी को पीला बलगम आ सकता है, बुख़ार हो सकता है और साँस तंग हो सकती है। जो दवाएँ क्रॉनिक ब्रौंकाइटिस में कारगर सिद्ध होती हैं, उनमें प्रमुख हैं, टेट्रासाइक्लिन, एमोक्सिसिलिन कोट्रिमोक्साजोल, एम्पिसिलिन, डॉक्सीसाइक्लिलन, रौक्सीथ्रोमाइसिन, एजिथ्रोमासिन, क्विनोलोंस और सेफ्लोस्पोरिंस आदि। ये दवाएँ मुँह से ली जाने वाली ओरल एंटीबायोटिक्स हैं जो इस संक्रमण को ठीक करने के लिए पर्याप्त हैं। कुछ मरीज़ जो ओरल एंटीबायोटिक्स से नहीं ठीक हो रहे होते हैं, उन्हें अस्पताल में भर्ती कर थर्ड जेनरेशन सेफलोस्पोरिन या अमाइनोग्लाइकोसाइड आदि दिया जाता है। मरीज़ों को एंटीबायोटिक्स के बारे में जानकारी अवश्य दी जानी चाहिए तथा बताया जाना चाहिए कि रोग के प्रथम लक्षण प्रकट होते ही आपातकालीन व्यवस्था के रूप में चिकित्सक से मिलने से पूर्व इन दवाओं का प्रयोग स्वयं करना शुरू कर दें।

साँस की नलियों के संकुचन को दूर करने के लिए ब्रौंकोडाइलेटर, इनहेलरों या नेबुलाइजरों के माध्यम से दिया जाता है। रोगी पर इनका समुचित अनुकूल प्रभाव अगर नहीं आये तो कॉर्टिकोस्टेरॉयड देने की आवश्यकता पड़ती है। पारम्परिक ब्रौंकोडाइलेटरों के अलावा इपराट्रोपियम ब्रोमाइड एक ऐंटीकोलीनर्जिक दवा है जो क्रॉनिक ब्रौंकाइटिस में बहुत कारगर हैं। ये इनहेलर तथा नेबुलाइजर के रूप में भी उपलब्ध है।

इस रोग में ऑक्सीजन तथा वेंटिलेशन की अक्सर ज़रूरत पड़ती है क्योंकि टाइप-2 रेस्पीरेटरी फेलिअर होता है जिसमें रक्त में कार्बन डाइऑक्साइड की मात्रा अधिक होती है। यह अक्सर जानलेवा बन जाती है। इस स्थिति में वेंटीलेटर बहुत ही आवश्यक हो जाता है। अगर वेंटीलेटर उपलब्ध नहीं हो तो ऑक्सीजन से कुछ हद तक काम चलाया जा सकता है। इसके अतिरिक्त क्रॉनिक ब्रोंकाइटिस में कुछ सहायक औषधियों की आवश्यकता पड़ सकती है जो बीमारी के लक्षण को कम करने में प्रभावकारी होती हैं—जैसे निरन्तर खाँसी के लिए एंटीटसिव सीरप देते हैं। बलगम बहुत गाढ़ा हो तो उसे पतला करने के लिए गर्म भाप का उपचार दिया जाता है अथवा म्युकोलिटिक का इस्तेमाल किया जाता है।

रेस्पीरेटरी ऐसिडोसिस की उपस्थिति में अगर वेंटिलेटर नहीं हो तो रेस्पीरेटरी स्टिम्युलैंट्स जैसे डौक्साप्राम, निकेथामाइड आदि का इस्तेमाल करना उपयोगी साबित होता है। जिन मरीज़ों के कफ निकलने की क्षमता कम हो गयी हो, बेहोशी या छाती की मांसपेशियों की कमज़ोरी की वजह से जो बलगम स्वयं न निकल पाते हों, उन्हें सहायता देकर बलगम निकालने के लिए प्रेरित किया जाता है। मरीज़ की छाती को चारों ओर से धीरे-धीरे थपथपाया जाता है जिससे बलगम साँस की नली से छूटकर निकल जाता है। फिर मरीज़ के शरीर से थोड़ा नीचा रखते हुए छाती को थपथपाना जारी रखा जाता है जिससे बलगम बाहर आ जाता है।

क्रॉनिक ब्रोंकाइटिस के मरीज़ के लिए आवश्यक है कि वे साँस लेने का सही तरीक़ा जानें। उन्हें धीरे-धीरे लम्बी साँस लेने के लिए कहा जाता है तथा मुँह बन्द रखते हुए धीरे-धीरे साँस छोड़ने के लिए कहा जाता है। इस प्रक्रिया से साँस की नलियाँ चिपकने से बच जाती हैं और खुली (पेटेंट) रहती हैं। गम्भीर रूप से बीमार मरीज़ों को घर पर ही ऑक्सीजन उपलब्ध कराकर उनके परिचारकों को इसका सही प्रयोग करने का तरीक़ा बताया जाता है ताकि रोगी व उनकी देखभाल करने वाले बार-बार अस्पताल आने की जहमत से बच सकें। आजकल इनहेलरों की उपलब्धता इस बीमारी के इलाज को आसान बना गयी है। तरह-तरह के इनहेलरों तथा स्पेसरों ने यक़ीनन रोगियों की आयु बढ़ाई है।

बीमारी से बचने के लिए परहेज के तौर पर रोगी को धूम्रपान बिल्कुल नहीं करना चाहिए। धूम्रपान साँस की इस बीमारी के अलावा फेफड़ों का कैंसर, पेप्टिक अल्सर, कोरोनरी हार्ट डिजीज, पैनक्रिएटिक कैंसर आदि को जन्म देता है। प्रदूषण से बचना आसान नहीं, ख़ासकर औद्योगिक शहरों, महानगरों आदि में। वाहनों की लम्बी क़तारें, चिमनियों का धुआँ, बढ़ती आबादी तथा कटते वृक्ष भला कैसे कम करेंगे प्रदूषण और साँस की बीमारियाँ?

रक्ताभाव (एनीमिया)

रक्त में हीमोग्लोबिन की मात्रा जब सामान्य से कम हो जाये तो ऐसी स्थिति को रक्ताभाव या एनीमिया कहते हैं। यह एक बहुत ही आम बीमारी है और संसार के सभी हिस्सों में देखी जा सकती है। ग़रीब तथा विकासशील देशों में तो इसका प्रतिशत आकाश छू रहा है। कुपोषण, संक्रमण, अपौष्टिक आहार इसके मुख्य कारण हैं।

हीमोग्लोबिन लाल रक्त कोशिकाओं के भीतर पाया जाने वाला एक तत्त्व है जिसमें ऑक्सीजन को बाँधने की अद्‍भुत क्षमता है और इसी गुण के कारण यह फेफड़ों से ऑक्सीजन लेकर शरीर के सभी कोशिकाओं तथा अंगों तक पहुँचाता है। लाल रक्त कोशिकाओं की कमी हो जाये तो हीमोग्लोबिन की मात्रा स्वतः कम हो जाती है। इसी कारण कोशिकाओं को मिलने वाली ऑक्सीजन भी कम हो जाती है जिससे कोशिकाओं की कार्यक्षमता तथा कार्यकुशलता भी प्रभावित होती है। परिणामस्वरूप शरीर दुर्बल तथा क्षीण हो जाता है। हीमोग्लोबिन की सही मात्रा पुरुषों तथा स्त्रियों में क्रमशः 14 ग्राम तथा 12 ग्राम प्रतिशत मानी जाती है। बढ़ती उम्र के साथ हीमोग्लोबिन का प्रतिशत घट जाता है। स्त्रियों तथा बूढ़ों में इसकी कमी का कारण सेक्स हारमोनों का अभाव माना जाता है।

एनीमिया तीन कारण से हो सकता है—अत्यधिक रक्तस्राव, रक्त कोशिकाओं के सृजन में त्रुटि और लाल रक्त कोशिकाओं की संख्या में सतत कमी। रक्त कोशिकाओं में सतत कमी हिमालिसिस (टूटने) के कारण होती है।

रक्तस्राव दो तरह से हो सकता है—एक्यूट तथा क्रॉनिक। एक्यूट अवस्था में रक्त की मात्रा में 10 प्रतिशत की कमी आ जाये तो मरीज़ में इसके लक्षण प्रकट होने लगते हैं, अर्थात यकायक आधा लीटर ख़ून बह जाने पर मरीज़ सामान्य नहीं रह सकता। उसमें चक्कर आना, बेहोशी, धुँधलापन आदि लक्षण प्रकट होने लगते हैं और मरीज़ को उपचार की आवश्यकता होती है। यह शरीर के प्रमुख अंगों की क्षति, आँत के अल्सरों के फटने, सूजे हुए नसों में अधिक प्रेशर से इनके

फटने, अंगों के कटने आदि से होता है। चूँकि स्राव अप्रत्याशित तथा तीव्र गति से होता है अतः शरीर को इस क्षतिपूर्ति का समय नहीं मिलता और रक्ताभाव के लक्षण तुरन्त सामने आने लगते हैं। अगर समय से बहे ख़ून की पूर्ति नहीं की जाये तो मृत्यु की सम्भावना बढ़ जाती है। अतः ऐसे मरीज़ों को अस्पताल में दाख़िल कर इनका उपचार तुरन्त किया जाना चाहिए।

इसके विपरीत, क्रॉनिक अवस्था में शरीर में ख़ून की कमी धीरे-धीरे होती है। अतः रक्त निर्माण के लिए पर्याप्त समय रहता है। रोगी को निम्न रक्तचाप तथा ऑक्सीजन की कमी का सामना नहीं करना पड़ता। इसमें निरन्तर स्राव की वजह से आयरन की कमी हो जाती है जिसे पूरा करने की आवश्यकता होती है।

लाल रक्त कोशिकाओं का सृजन गर्भावस्था में शिशु के लिवर तथा तिल्ली में होता है। उसके बाद यह हड्डियों की मज्जा में भी होने लगता है। जन्म के बाद यह कार्य केवल हड्डियों की मज्जा तक ही सीमित होता है। सृजन के लिए बहुत सारे आवश्यक तत्त्वों की आवश्यकता होती है, जैसे आयरन, विटामिन बी काम्प्लेक्स, हारमोन (थाइरोक्सीन, कोर्टिसोन, पिट्यूटरी हारमोन, सेक्स हॉरमोन आदि) खनिज तथा इरिथ्रोपोइटिन। इसके अतिरिक्त अस्थि मज्जा का सही तथा स्वस्थ होना ज़रूरी है। कुछ कारणों से अस्थि मज्जा या तो संकुचित हो जाती है या कैंसर कोशिकाओं के अतिक्रमण से कार्यविहीन हो जाती है। कभी वायरसों के संक्रमण या कुछ विषैली दवाओं के प्रकोप का शिकार बनती है अस्थि मज्जा तो कभी बिना कारण ही यह अपनी भूमिका भूल जाती है। इन स्थितियों में रक्त कोशिकाओं का सृजन बन्द या कम हो जाता है। परिणामस्वरूप रक्त का अभाव हो जाता है।

लाल रक्त कोशिकाओं की अत्यधिक क्षति के बहुत-से कारण हैं। संक्रमण, विषैले तत्त्व, लाल रक्त कोशिकाओं की झिल्लियों की त्रुटि, लाल रक्त कोशिकाओं की आन्तरिक संरचना में ख़राबी तथा इनके विरुद्ध एंटीबॉडी का पदार्पण। कुछ एंजाइमों की कमी के कारण भी लाल रक्त कोशिकाओं की आयु कम हो जाती है और ये जल्दी ही मरणासन्न हो जाते हैं। ऐसी स्थिति में गम्भीर रक्ताभाव आम बात है। इसके अलावा रक्ताभाव कुछ अन्य बीमारियों के कारण भी होता है जहाँ उपयुक्त तीनों कारणों के प्रभाव का सम्मिश्रण मौजूद होता है।

रक्त कैंसर अस्थि मज्जा का अतिक्रमण कर कोशिकाओं का निर्माण रोक देता है। साथ ही कैंसर कोशिकाएँ उपस्थित आवश्यक तत्त्वों को चट कर जाती हैं जिस कारण स्वस्थ कोशिकाओं का निर्माण बाधित होता है और आहिस्ता-आहिस्ता ये गम्भीर अभाव को झेलतें-झेलते मर जाते हैं।

गर्भावस्था, किशोरावस्था, बाल्यावस्था में सामान्य लोगों तथा विशेषतः श्रमजीवियों तथा खिलाड़ियों को सामान्य से अधिक रक्त निर्माण की आवश्यकता होती है। अतः इन्हें औरों की तुलना में अधिक प्रोटीन, कैलोरी, आयरन तथा अन्य खनिजों, हारमोनों तथा विटामिनों की आवश्यकता होती है। अगर ये सामान्य से अधिक मात्रा में इन अवयवों की पूर्ति नहीं करते तो शरीर अभाव की स्थिति में पहुँच जाता है और रक्ताभाव से बचा नहीं जा सकता। गर्भवती महिलाओं को तो ख़ास सावधानी बरतनी पड़ती है क्योंकि उनके स्वास्थ्य से जुड़ा होता है उनके अन्दर पल रहे शिशुओं का स्वास्थ्य। कुपोषण से ग्रसित गर्भवती महिलाएँ अक्सर मानसिक तथा शारीरिक रूप से अविकसित शिशुओं को जन्म देती हैं। इस पर नियन्त्रण रखने के लिए सरकार ने प्रत्येक अस्पताल में एक अलग इकाई बनायी है। इसके अतिरिक्त हर क्षेत्र में मातृ शिशु कल्याण केन्द्र स्थापित किये गये हैं जो गर्भवती महिलाओं की देखरेख तथा जाँच के अलावा इन्हें मुफ़्त दवाएँ उपलब्ध कराते हैं। आयरन, कैल्शियम तथा फोलिक एसिड की गोलियाँ प्रत्येक गर्भवती महिला को गर्भ के चौथे महीने के बाद खानी चाहिए।

पुरुषों में एक मिग्रा. प्रतिदिन आयरन की आवश्यकता होती है जबकि औरतों में मासिक धर्म के कारण दो मिग्रा. प्रतिदिन आयरन की आवश्यकता होती है। गर्भावस्था में यह आवश्यकता तीन मिग्रा. हो जाती है। फोलिक एसिड की कमी वाली एनीमिया भी गर्भवती औरतों में बहुत सामान्य है। बच्चे के जन्म के बाद भी आयरन, फोलिक एसिड देने की आवश्यकता होती है ताकि गर्भ के दौरान तथा उसके बाद हुए नष्ट भण्डार को पुनः सृजित किया जा सके। इसके अतिरिक्त शिशुओं को स्तनपान कराती ये महिलाएँ लगातार इन आवश्यक तत्त्वों को खोती रहती हैं जिसकी पूर्ति परम आवश्यक है। कुछ क्रॉनिक बीमारियों तथा कैंसरों में आवश्यक तत्त्वों की समुचित मात्राओं के बावजूद एनीमिया होता है। यह एक गम्भीर स्थिति है व इससे निपटने का एक रास्ता उक्त बीमारियों का इलाज है।

गुर्दों की निष्क्रियता से उत्पन्न एनीमिया में 'रक्तस्राव', 'सृजन की कमी' तथा 'रक्त कोशिकाओं के ह्रास' का योगदान होता है। नष्ट हुए गुर्दे रक्त में उत्पन्न अनेक विषैले पदार्थ को शरीर के बाहर निष्कासित करने में सक्षम नहीं होते जिससे रक्त कोशिकाओं का निर्माण रुक जाता है, साथ ही रक्त कोशिकाओं का ह्रास भी होता है। इसके अतिरिक्त ख़राब गुर्दे एक आवश्यक हारमोन 'इरिथ्रोपोइटिन' नहीं बना पाते जो रक्त कोशिकाओं के निर्माण के लिए बहुत आवश्यक होते हैं। इसी प्रकार लिवर की ख़राबी में भी रक्ताभाव आम बात है।

साधारण एनीमिया के लक्षण ख़ून में सात प्रतिशत या उससे भी कम हो गये हीमोग्लोबिन के स्तर पर उजागर होने लगते हैं। ये लक्षण हैं—थकान, सिरदर्द, सीने में दर्द, कमज़ोरी, साँस फूलना, शरीर का पीला पड़ते जाना, दिखाई कम देना तथा बेहोशी, शिथिलता, भूख नहीं लगना, धड़कन, शरीर में सूजन, लिवर तथा तिल्ली का बढ़ना, शरीर का विकास न होना आदि। हथेली तथा उँगलियाँ श्वेत या पीली दिखाई देती हैं। नाख़ून सफ़ेद हो जाते हैं और उस पर सफ़ेद गाढ़ी लकीरें बन जाती हैं। आँखों की पलकें अन्दर से सफ़ेद हो जाती हैं।

विस्तृत हिमोग्राम, रेटिकुलोसाइट प्रतिशत, पेरिफेरल स्मियर की जाँच, बोन मैरो की जाँच तथा इसकी बायोप्सी, सीरम आयरन, टीआईबीसी सीरम फेरिटिन की मात्रा, हीमोलिसिस की जाँच, लिवर, किडनी व थाइरॉइड फंक्शन टेस्ट, हीमोग्लोबिन एलेक्ट्रोफोरेसिस आदि जाँचों से पता चल जाता है कि रक्ताभाव का क्या कारण है।

सामान्य रक्तस्राव के लिए कुछ भी करने की आवश्यकता नहीं पड़ती, परन्तु एक लीटर के क़रीब रक्तस्राव हुआ हो तो तुरन्त रक्तापूर्ति की आवश्यकता पड़ती है। रक्त के अभाव में सेलाइन तथा प्लाज्मा एक्सपैंडर देकर स्थिति को बिगड़ने से बचाया जा सकता है। इस बीच रक्त का बन्दोबस्त करते रहना पड़ता है। इसके अतिरिक्त, आयरन, बी कॉम्प्लेक्स की गोलियाँ या सूई दी जाती हैं। रक्तस्राव बन्द करना परम आवश्यक है, अन्यथा रक्तपूर्ति का कोई असर नहीं होता। स्क्लेरोथेरेपी पोर्टल हाइपरटेंशन के लिए बहुत कारगर है। जिन अवयवों की शरीर में कमी होती है, उन्हें पूरा करना निहायत ज़रूरी है। पौष्टिक तथा सन्तुलित आहार सबसे ज़रूरी है। रेनल फेलिअर में इरिथ्रोपोइटिन की सूई बहुत उपयोगी होती है। ब्लड कैंसर का इलाज कर अनुपस्थित अवयवों की पूर्ति रक्ताभाव दूर करने में बहुत सहायक होता है। अत्यन्त रक्ताभाव की स्थिति में रक्तापूर्ति करना अनिवार्य होता है। अस्थिमज्जा की निष्क्रियता हो तो इसका प्रत्यारोपण किया जा सकता है। हालाँकि इसकी सुविधा सभी अस्पतालों में उपलब्ध नहीं है। जहाँ है भी तो इतनी महँगी कि आम लोगों के पहुँच के बाहर है। लाल रक्त कोशिकाओं को ग्रसित करने वाली दवाओं के प्रयोग को बन्द किया जाता है। दो बच्चों के बीच के अन्तराल को लम्बा रखकर भी महिलाओं में एनीमिया को रोका जा सकता है।

कुल मिलाकर, एनीमिया एक ऐसी बीमारी है जिसका इलाज सम्भव है। इससे बचना इसके इलाज से ज़्यादा आसान है। आवश्यकता है तो इसके प्रति जन-सामान्य की जागरूकता की।

आँतों का क्षयरोग (टीबी)

यह विडम्बना ही है कि चिकित्सा सुविधाओं की बढ़ोतरी तथा निरन्तर नयी दवाओं के आगमन के बाद भी क्षय रोगियों की संख्या बढ़ती ही जा रही है। विकसित तथा उन्नत देशों में भी इसने एचआईवी संक्रमण और मधुमेह के मरीज़ों के बढ़ोतरी के कारण महामारी का रूप धारण कर लिया है। भारत में क्षयरोग के क़रीब 120 लाख मरीज़ हैं जिसमें 5 लाख लोगों की मृत्यु प्रतिवर्ष हो जाती है। सभी क्षय रोगियों का क़रीब एक-तिहाई हिस्सा आँत की ट्यूबरकुलोसिस का है। दूसरी तरह के क्षयरोग की अपेक्षा आँत का क्षयरोग पहचानना कठिन है। अतः इसके मरीज़ साधारणतया जटिल तथा बिगड़ी अवस्था में ही चिकित्सकों के पास पहुँच पाते हैं।

क्षयरोग का कारण माइकोबैक्टीरियम ट्यूबरकुलोसिस व माइक्रोबैक्टीरियम बोविस है। ये एसिडफास्ट जीवाणु हैं और एक विशेष स्टेन के द्वारा इन्हें पहचाना जाता है। आँत में इसका आगमन तीन तरह से होता है—पहला, फेफड़ों या अन्य स्थानों के क्षय से ये जीवाणु रक्त या लिम्फ के माध्यम से आँत में पहुँचकर इसे क्षतिग्रस्त करते हैं; दूसरे, भोजन, पानी, दूध आदि में मौजूद क्षयरोग के जीवाणु तो सीधे आँत में प्रवेश कर जाते हैं। और तीसरे, एड्स, मधुमेह, रेनल फेलिअर, लिवर फेलिअर, कैंसर या एंटीरिजेक्शन थेरेपी आदि की स्थिति में शरीर की रोग प्रतिरोधक क्षमता अत्यन्त क्षीण हो जाती है तथा किसी भी प्रकार के रोगाणु का शरीर पर आक्रमण तुरन्त सम्भव हो जाता है। आँत का क्षयरोग मुख्यतः तीन प्रकार का होता है—

ट्यूबरक्युलर एंटराइटिस : आँत के आन्तरिक परतों में अगर क्षय-संक्रमण तथा सूजन हो जाये तो यह जल तथा भोजन के पोषक पदार्थों को अवशोषित कर पाने में सक्षम नहीं रह जाती है। इस रोग में मरीज़ दस्त, कमज़ोरी, रक्तहीनता तथा शरीर में जल की कमी जैसे लक्षण लेकर डॉक्टर के पास पहुँचता है।

ट्यूबरक्युलर लिम्फएडेनाइटिस : इसमें आँत से जुड़े लिम्फ ग्लैंड में सूजन हो जाती है।

ट्यूबरक्युलर पेरिटोमाइटिस : इसमें आँत की झिल्लियों के अन्दर पानी भर जाता है जिससे पेट फूला दिखता है।

वस्तुतः आँत का क्षयरोग एक मिश्रित स्थिति होती है; अर्थात क्षय के तीनों प्रकार रोग के लक्षण प्रदान करने में अपना योगदान देते हैं। मरीज़ की झिल्लियों में पानी भर जाता है। ग्लैंड में सूजन तथा दस्त की निरन्तर शिकायत रहती है। अगर काफ़ी अवधि तक कोई इलाज नहीं किया गया तो आँतें जगह-जगह सिकुड़ जाती हैं और इनकी कार्यप्रणाली में आंशिक रुकावट पैदा हो जाती है। आँत पूर्णतः अवरुद्ध हो तो ऑपरेशन की ज़रूरत पड़ती है। बहरहाल, आँत के क्षयरोग में मुख्यतः बुख़ार, कमज़ोरी, थकान, दस्त, भूख नहीं लगना, पेट फूलना, रक्तहीनता, आहिस्ता-आहिस्ता शरीर का वज़न कम हो जाना, शरीर के ग्लैंड में सूजन, लिवर बढ़ना आदि लक्षण प्रकट होते हैं।

रक्त की सामान्य जाँचें, मांटू टेस्ट, छाती का एक्स-रे, पेट का अल्ट्रासाउंड, बेरियम मील फौलो थ्रू, पेट का सीटी स्कैन, पेरिटोनियल बायोप्सी, पेरिटोनियल ऐस्पिरेट का कल्चर तथा एएफबी स्टेनिंग, पेट की लेप्रोस्कोपिक जाँच व पीसीआर आदि जाँचें टीबी की गम्भीरता जानने के लिए की जाती हैं। कल्चर तथा पीसीआर से क्षयरोग के जीवाणुओं की उपस्थिति साफ़ पता चलती है और रोग की सुनिश्चितता में चिकित्सक को दुविधा नहीं होती है। सामान्यतः आँत के क्षयरोग में जीवाणुओं को सीधे रोगग्रस्त स्थान से प्राप्त करना नामुमकिन होता है। अतः हमें एकदम सटीक जाँचों की सहायता लेनी पड़ती है और अगर इसमें ज़्यादातर जाँचें इस रोग की ओर इशारा करती हों तो इसका इलाज अविलम्ब शुरू कर देना चाहिए।

छाती का एक्स-रे अगर क्षयरोग दिखा रहा है, मांटू टेस्ट पॉजिटिव है और साथ ही आँत के क्षय के लक्षण मौजूद हैं तो प्रायः चिकित्सक को कोई द्वन्द्व नहीं रह जाता। झिल्लियों से निकाला पानी अगर स्रावजनित (एक्जुडेट) है व पेरिटोनियल बायोप्सी में क्षयरोग के जीवाणु उपस्थित हैं तो यह भी रोगाणु की उपस्थिति को प्रमाणित करता है। पेट का अल्ट्रासाउंड या सीटी स्कैन, लिम्फ ग्लैंड में सूजन, पेट में पानी तथा आँतों की सिकुड़न या आँतों का आपस में चिपक जाना दर्शाते हों तो आँत का क्षयरोग बख़ूबी सुनिश्चित हो जाता है। बेरियम मील फॉलो थ्रू नामक जाँच एक आयोडिन डाई पिलाकर लिया गया एक्स-रे है। अनेक एक्स-रे

अलग-अलग वक़्त पर तथा विभिन्न कोणों से लिये जाते हैं। यह आँतों का सटना, सिकुड़ना या फैलाव आदि अच्छी तरह दिखाता है। यह एक बहुत ही महत्त्वपूर्ण जाँच माना जाता है। शरीर में उपस्थित जीवाणुओं की संख्या अगर बहुत कम भी हो तो पीसीआर एक ऐसी जाँच है जो इसका पता आसानी से लगा सकती है। क्षयरोग के जीवाणुओं के कल्चर का परिणाम आने में छह हफ़्ते लग जाते हैं, पर यह एक सटीक टेस्ट है। इतना ही नहीं, इलाज के लिए कौन-सी दवाएँ उचित होंगी, इसका भी पता इससे चल जाता है। आजकल सुग्राही परिणाम वाले कल्चर के नये तरीक़े आ गये हैं जो एक हफ़्ते में ही नतीजा दे जाते हैं।

अब जानते हैं उपचार के बारे में। टीबी के खिलाफ काम करने वाली दवाओं की शुरुआत शुरू के दो महीनों में चार एटीटी दवाओं से की जाती है। बाद के चार महीनों में दो से तीन दवाएँ दी जाती हैं। यदि परिणाम अच्छे नहीं आ रहे हैं तो चिकित्सा की अवधि बढ़ाकर नौ महीने या साल भर की जा सकती है। ये दवाएँ सभी जगह उपलब्ध हैं तथा सरकारी अस्पतालों सहित कई संस्थानों द्वारा मुफ़्त दी जाती हैं। बहुत जगहों पर सरकार ने मात्र क्षयरोगियों के लिए ही अस्पताल खोले हैं। परन्तु इन सारी सुविधाओं के बावजूद बहुत-से मरीज़ पूरी अवधि तक दवा नहीं लेते। कुछ रोगी बदलकर दवाइयाँ लेते हैं तो कुछ इसे शरीर के लिए हानिकारक मानते हुए छोड़ देते हैं। कुछ रोगी नीम-हकीमों के हाथों में पड़ जाते हैं। दवा छोड़ देने से चिकित्सा अधूरी रह जाती है। कई संस्थाओं में इन्हीं समस्याओं से बचने के लिए अपने सामने मरीज़ों को दवा खिलाते हैं। अगर मरीज़ स्वयं दवा खरीद रहा है तो पहले दो महीनों का ख़र्च 20 रुपये प्रतिदिन आता है। सम्भव है, यह ख़र्च आर्थिक रूप से पिछड़े लोगों को भारी पड़े, परन्तु सरकारी अस्पतालों में यह दवा मुफ़्त मिलती है। अगले चार महीनों के इलाज का ख़र्च 5 रुपया प्रतिदिन आता है। अगर मरीज़ तथा उसके परिवार वाले जागरूक हों तथा बीमारी को गम्भीरता से लें तो यह हमेशा के लिए ठीक हो जाती है और प्रभावित व्यक्ति में इसका कोई कुप्रभाव शेष नहीं रह जाता है। दवाएँ जितनी ज़रूरी हैं, उससे कम ज़रूरी नहीं है रोगी का आहार-विहार। इसे 'सपोर्टिव ट्रीटमेंट' कहते हैं। मरीज़ों को यह समझना आवश्यक है कि सन्तुलित आहार भी उतना ही आवश्यक है, जितना एटीटी। रक्तहीनता की स्थिति में आयरन, विटामिन के अलावा कभी-कभी रक्तापूर्ति करना आवश्यक हो जाता है। दस्त अधिक हों तो ग्लूकोज व सैलाइन आदि चढ़ाने की आवश्यकता पड़ सकती है। आँतों में आंशिक अवरुद्धता की शिकायत वाले रोगियों को रेशेदार आहार

नहीं दिया जाता। पूर्ण अवरुद्धता की स्थिति में तो ऑपरेशन की ज़रूरत पड़ती है। कुछ मरीज़ों में एटीटी से पीलिया हो जाता है। ऐसी हालत में आईएनएच, रीफाम्पीसियन, पाइराजिनामाइड को बन्द कर स्ट्रेप्टोमाइसिन, इथामबुटौल तथा सिप्रोफ्लोक्सासिन देते हैं। अन्त में यह कहना यथासंगत होगा कि आँतों का क्षय पूर्णतया ठीक होने वाली बीमारी है, बशर्ते इसका समय से इलाज हो।

पीलिया (जॉन्डिस)

पीलिया एक रोग नहीं, रोगों का लक्षण है जिसके अनेक कारण होते हैं। अतः इसके उपचार के पहले इसके उत्पन्न होने का कारण जानना अत्यन्त आवश्यक है। जहाँ एक ओर यह बेहद साधारण-सी त्रुटि दिखाता है तो दूसरी तरफ़ यह भारी गड़बड़ी की ओर इंगित करता है। साधारण संक्रमण से लेकर गम्भीर कैंसर इसके कारण होते हैं। अतः रोग की तह में जाना तथा जाँच परम आवश्यक होते हैं।

जब रक्त में बिलीरुबिन की मात्रा 2.5 मिग्रा. प्रति डे.ली. से ज़्यादा हो तो आँखों के सफ़ेद भाग में पीलापन दिखने लगता है। बिलीरुबिन की बढ़ी मात्रा यकृत की गड़बड़ी या लाल रक्त कोशिकाओं की असामयिक मृत्यु से होती है। आमतौर से यकृत में यह क्षमता होती है कि सामान्य से पाँच गुना बिलीरुबिन को भी यह आत्मसात कर इसका निर्वाहन कर सकती है, पर अगर बिलीरुबिन की मात्रा बहुत अधिक हो तो यह सामंजस्य नष्ट हो जाता है। यकृत बिलीरुबिन का सृजन नहीं करता बल्कि यह बिलीरुबिन के समायोजन या निर्वहन के लिए उत्तरदायी होता है। अतः यकृत की बीमारियाँ पीलिया के मुख्य कारण हैं।

पीलिया के कारणों के अन्तर्गत आते हैं—यकृत का कुछ वायरसों द्वारा संक्रमण (हेपेटाइटिस ए.बी.सी.डी. तथा ई.), शराब का निरन्तर प्रयोग, पित्त नलिकाओं की पथरी, कुछ औषधियों का प्रभाव (पारासिटामल, मिथोटेक्सेट सल्फा टी.बी. के लिए इस्तेमाल होने वाली औषधियाँ आदि), कुछ आनुवांशिक बीमारियाँ (विलसन डिज़ीज, पॉलीसिस्टिक डिज़ीज, हिमोक्रोमैटासिस आदि), कुछ कैंसर (लिवर, गॉल ब्लाडर, पैनक्रियाज) तथा रक्त कोशिकाओं के टूटने की आनुवांशिक तथा अन्य दोष। इनमें वायरस संक्रमण तथा शराब क़रीब दो-तिहाई से ज़्यादा कारणों के लिए उत्तरदायी हैं।

वायरस के संक्रमण से उत्पन्न पीलिया में शुरू में बुख़ार, जोड़ों में दर्द, भूख नहीं लगना, उलटी, कमज़ोरी, थकान तथा वज़न में कमी देखी जाती है। बुख़ार

के एक सप्ताह के बाद आँखों का पीलापन नज़र आने लगता है। इसके साथ ही बुख़ार धीरे-धीरे कम होने लगता है। आँखों का तथा शरीर का पीलापन धीरे-धीरे बढ़ने लगता है और क़रीब एक से दो हफ़्ते तक रहता है। इसके बाद पीलापन धीरे-धीरे समाप्त हो जाता है। पीलापन आने के एक हफ़्ते के बाद मरीज़ के लक्षणों में सुधार दिखने लगता है—उसकी भूख बढ़ने लगती है, उलटी बन्द हो जाती है, जोड़ों का दर्द ठीक होने लगता है आदि। कुछ लोगों में ठीक होने में ज़्यादा वक़्त लगता है तथा उनमें बहुत सारी जटिलताएँ उत्पन्न हो जाती हैं, जैसे रक्त रिसाव, बेहोशी, पीलिया का कम नहीं होना, शरीर में तेज़ खारिश होना आदि।

ए तथा ई वायरस का प्रसारण एक मरीज़ से दूसरे में दूषित जल अथवा भोजन के माध्यम से होता है। कुछ में मरीज़ों द्वारा इस्तेमाल किये हुए वस्तुओं से तथा इनके रक्त अथवा उनके स्रावों से भी यह फैलता है।

वायरस बी, सी, डी रक्त के माध्यम से या यौन सम्बन्धों से फैलता है। ग्रसित माताओं से नवजात शिशुओं को भी यह बीमारी मिल सकती है।

सूइयों तथा सिरिंजों का भी ख़ासा योगदान होता है इसके प्रसरण में, अगर एक से अधिक बार इनका इस्तेमाल हो रहा हो। इस तरह के प्रसरण का ज्वलन्त उदाहरण नसों से मादक द्रव्यों का प्रयोग होता हैं। एक ग्रसित व्यक्ति आसानी से इस समूह के सभी सदस्यों को यह बीमारी दे देता है।

शराब का प्रयोग शरीर के सभी अंगों के लिए हानिकारक होता है, पर इसका सबसे गम्भीर परिणाम इसके यकृत के ऊपर प्रभाव के कारण होता है। ज़्यादा मात्रा में लेने से यकृत की कोशिकाएँ नष्ट होती हैं और निरन्तर प्रयोग से यह स्थायी रूप से ख़राब होकर सिकुड़ जाती हैं। ऐसी स्थिति में पीलिया के अतिरिक्त और भी लक्षण सामने आते हैं जिनमें प्रमुख हैं—शरीर का सूजन, कमज़ोरी, मुँह तथा मलद्वार से तीव्र रक्तस्राव, जो अचानक तथा भीषण होता है और जिसमें मृत्यु तक हो सकती है; मस्तिष्क के अन्दर सूजन, जिससे बेहोशी हो सकती है तथा गुर्दों पर कुप्रभाव, जिससे यह काम करना बन्द कर देते हैं आदि।

पित्त की नलिकाओं में पथरी अथवा कैंसर से भी अचानक पीलिया होता है जो तब तक ठीक नहीं होता जब तक उक्त अवरोधों को हटाया नहीं जाये। पथरी की शल्य चिकित्सा लिथोट्रिप्सी अथवा दूरबीनयुक्त एंडोस्कोप से इलाज सम्भव है, पर कैंसर होने की दशा में अच्छे परिणाम नहीं होते।

यकृत की बहुत सारी आनुवांशिक बीमारियाँ तथा लाल रक्त कोशिकाओं का दोष भी एक प्रकार का पीलिया करती है जिनमें यकृत की कार्यकारी क्षमता

ठीक होती है, पर बिलीरुबिन के समायोजन का दोष होता है। इसमें यकृत सम्बन्धित लक्षण नहीं होते। ऐसे मरीज़ों को इसकी जानकारी तथा आवश्यक जेनेटिक काउंसेलिंग सम्बन्धित हिदायतें देते हैं।

जाँचें : इस क्रम में आते हैं रक्त की सामान्य जाँचें, रक्त कणिकाओं की असामयिक (हिमोलिसिस) विखंडन सम्बन्धित जाँचें, यकृत की कार्यकारी क्षमता के लिए जाँच, अल्ट्रासाउंड, सी.टी. स्कैन, एंडोस्कोपी—दूरबीन से आँत के अन्दर की परीक्षा।

मल तथा मूत्र की परीक्षा, पेट में जमा पानी को सूई से निकालकर इसका परीक्षण आदि। इसके अतिरिक्त पीलिया के ज़िम्मेवार वायरसों की जाँच तथा आनुवांशिक बीमारियों के लिए कुछ विशेष परीक्षण भी अनिवार्य होते हैं।

इलाज के लिए यह स्पष्ट कर देना होगा कि ऐसी कोई औषधि नहीं होती जिससे पीलिया कम कर दिया जाये। इलाज का मुख्य उद्देश्य यह होता है कि पीलिया उत्पन्न करने वाले कारणों को दूर किया जाये। इसके अन्तर्गत हेपेटाइटिस बी., सी. आदि के लिए औषधियों का प्रयोग, शराब नहीं पीने की हिदायतें, पथरी का समुचित इलाज तथा अन्य प्रारम्भिक तथा पारम्परिक चिकित्सा शामिल है।

यकृत की बीमारियों से उत्पन्न गहन जटिलताओं की भी समय से चिकित्सा बहुत जान बचाती है। इनमें ख़ासकर आँत के अन्दर रक्तधमनियों के फटने से अचानक रक्त स्राव तथा मस्तिष्क के अन्दर सूजन से होने वाली बेहोशी शामिल है।

यकृत के अन्दर चर्बी के परतों का जमा होना भी यकृत को नुक़सान पहुँचा सकता है। यह बहुत तेज़ी से बढ़ता हुआ एक मसला है जो पिछले तीन दशकों में यकृत सम्बन्धित बीमारियों के लिए एक बहुत बड़ा कारण बना है। मोटापा तथा इन्सुलिन की अक्षमता फैटी लिवर पैदा करते हैं। इसका इलाज मुश्किल है। एकमात्र उपाय जो सचमुच इसे रोक सकता है वह है मरीज़ का वज़न घटाना।

यकृत की बीमारियों को ठीक करने से ज़्यादा आसान इसे होने से रोकना है। इसी क्रम में हेपेटाइटिस ए. तथा बी. के वैक्सीन के बारे में बताना ज़रूरी है। ये उपलब्ध है तथा कारगर भी।

खण्ड ख : आम होती बीमारियाँ

मधुमेह (डायबिटीज)

रक्त में शर्करा (शुगर) की मात्रा सामान्य से अधिक हो तो इसे हम मधुमेह कहते हैं। यह शरीर में इन्सुलिन की कमी या इसकी अक्षमता से होता है।

आँकड़ों पर अगर हम ध्यान दें तो पता चलता है कि विश्व के प्रत्येक देश में इसका औसत तेज़ी से बढ़ रहा है। ख़ासकर सम्पन्न देशों में तो यह ज़्यादा ही तेज़ गति से बढ़ रहा है। ज़ाहिर है कि सम्पन्न देशों से सम्बद्ध अत्यधिक ऊर्जायुक्त खाद्य पदार्थों का इस बीमारी से गहरा रिश्ता है। पर कुछ विकासशील देशों में भी यह तेज़ी से बढ़ रहा है और कारण ऊर्जायुक्त भोजन के अतिरिक्त भी कुछ है जो इसको बढ़ने में मदद दे रहा है।

भारत में तो इसने महामारी का रूप धारण कर लिया है और भारत को मधुमेह का 'विश्व राजधानी' कहा जाने लगा है। मधुमेह से होने वाली गुर्दों की बीमारियों का प्रतिशत भी भारत में कुछ इस तरह बढ़ा है कि शीघ्र ही भारत को गुर्दों की बीमारियों का भी 'विश्व राजधानी' घोषित कर दिया जायेगा।

मधुमेह से उत्पन्न होने वाली बीमारियों पर गौर करें तो पता चलता है कि शरीर का कोई भी अंग ऐसा नहीं है जो इसके प्रकोप से अछूता रह जाता है। गुर्दे, आँख, स्नायुतन्त्र तथा हृदय ऐसे अंग हैं जो इसकी मार ज़्यादा झेलते हैं और इन पर इसका प्रभाव भी ज़्यादा भीषण तथा जटिल होता है।

विश्व के दो बड़े शोधों ने प्रमाणित कर दिया है कि मधुमेह का दुष्प्रभाव उन्हीं मरीज़ों में होता है जिनकी रक्त शर्करा मात्रा अनियन्त्रित रहती है।

स्पष्ट है कि मधुमेह, जो कभी ठीक नहीं होने वाली बीमारी है, को नियन्त्रण में रखना सबसे महत्त्वपूर्ण है। आइए, इसके बारे में विस्तार से जानें तथा इसके उपचार तथा इससे होने वाली जटिलताओं को भी अच्छी तरह जानें।

जब हम भोजन करते हैं तो रक्त में शर्करा की मात्रा बढ़ने लगती है। इन्सुलिन पैनक्रियाज के बीटा कोशिकाओं द्वारा स्रावित होती है और इसकी मात्रा

रक्त शर्करा के अनुपात में बढ़ती-घटती है। इन्सुलिन बढ़े हुए शक्कर को सामान्य करता है। इसमें यकृत (लिवर) तथा मांसपेशियों का बड़ा योगदान होता है जो इन्सुलिन के प्रभाव में शक्कर को अपने में समायोजित कर लेती हैं और रक्त शर्करा बढ़ने नहीं पाता।

मधुमेह मूलतः दो प्रकार का होता है : टाइप–1 तथा टाइप–2

टाइप–1 में पैनक्रियाज में स्थित बीटा सेल्स इन्सुलिन बनाना बन्द कर देते हैं और रक्त में इन्सुलिन की मात्रा इतनी कम होती है कि रक्त शर्करा बहुत बढ़ जाता है। ऐसे मरीज़ों को इन्सुलिन की सूई लगानी पड़ती है और यही इसका एकमात्र इलाज है। इन्सुलिन नहीं देने पर ऐसे मरीज़ डायबिटिक कोमा में चले जाते हैं। 5-10 प्रतिशत टाइप–1 के मधुमेह होते हैं।

टाइप–2–ऐसे मधुमेह के मरीज़ों में इन्सुलिन स्रावित तो होता है, परन्तु इन्सुलिन सही रूप से काम नहीं करता। मोटापा, शिथिलता, व्यायाम की कमी, शराब आदि ऐसे कारण हैं जो इन्सुलिन की क्षमता कम करते हैं। क़रीब 90 प्रतिशत टाइप–2 के मधुमेह होते हैं। इनके अतिरिक्त दो प्रकार के और मधुमेह होते हैं जिनका प्रतिशत बहुत कम होता है।

प्रसूत सम्बन्धित : गर्भावस्था में कुछ स्त्री-मरीज़ों में मधुमेह पहली दफा देखा जाता है। इसका सही इलाज बहुत ज़रूरी होता है, माता तथा गर्भ में पल रहे बच्चे, दोनों के लिए। प्रसूत सम्बन्धित मधुमेह बच्चे के जन्म के बाद प्रायः ठीक हो जाता है। कुछ माताओं में इसकी सम्भावना बढ़ जाती है कि आगे चलकर वे मधुमेह तथा उच्च रक्तचाप के मरीज़ बन जायें।

द्वितीयक मधुमेह : अर्थात् प्राथमिक बीमारी कुछ और होती है जिसके प्रभाव से उन्हें मधुमेह हो जाता है, जैसे–पैनक्रिएटाइटिस, कुशिंग सिंड्रोम आदि।

लक्षण : मधुमेह के मरीज़ों के मुख्य लक्षण कमज़ोरी, अधिक भूख लगना, पेशाब अधिक होना, ज़्यादा प्यास लगना, बार-बार फेफड़ों अथवा पेशाब का संक्रमण, घावों का देर से सूखना, आँखों की रोशनी में कमी, वज़न कम होना आदि हैं। इनके अतिरिक्त मधुमेह के कारण अन्य अंगों पर प्रभाव के कारण उन अंगों से सम्बन्धित लक्षण भी देखने में आ सकते हैं, जैसे शरीर का सूजन, साँस फूलना, हाथ-पैरों में सुन्नपन आदि।

रोग की पहचान

निराहार (बिना खाये) रक्त शर्करा/प्लाज्मा शर्करा–110 मिग्रा./डे.ली./126 मिग्रा./डे.ली. से अधिक

भोजन के दो घंटे के बाद का रक्त शर्करा/प्लाज्मा शर्करा–180 मिग्रा./डे.ली./200 मि.ग्रा/डे.ली. से अधिक

एच.बी.ए.वन.सी.–6.5% से अधिक

ओ.जी.टी.टी.–75 ग्राम ग्लूकोज पिलाने के दो घंटे के बाद यदि प्लाज्मा ग्लूकोज 200 मिग्रा. से अधिक

आमतौर पर हम बिना खाये तथा खाने के बाद वाले रक्त शर्करा को मापते हैं और इसकी पहचान में कुछ दुविधा नहीं होती।

इनके अतिरिक्त दो स्थितियाँ ऐसी हैं जिन्हें हम मधुमेह की शुरुआत मान सकते हैं। यह सामान्य तथा असामान्य के बीच की स्थिति है। ये हैं आई.जी.टी. तथा आई.एफ.जी.। आई.जी.टी में खाने के बाद वाला प्लाज़्मा शर्करा 140–199 मिग्रा./डे.ली.

आई.एफ.जी.–खाली पेट वाला प्लाज्मा शर्करा 110–125 मिग्रा./डे.ली.

ऐसे मरीज़ों को खान-पान की हिदायतें, वज़न कम करने की सलाह तथा नियम से व्यायाम की आदत डालने की बात बताते हैं। अगर यह सब किया जाये तो ये मधुमेह के मरीज़ बनने से बच जाते हैं।

निदान : उद्देश्य यह होता है कि रक्त शर्करा को सामान्य दायरे में लाया जाये। इसके साथ ही रक्तचाप तथा वसा को भी सामान्य किया जाये। यह देखा गया है कि अगर शर्करा, वसा तथा रक्तचाप नियन्त्रित हों तो मधुमेह से होने वाली जटिलताओं पर अंकुश लगाया जा सकता है।

रक्त शर्करा नियन्त्रित तब कहा जाता है जब फास्टिंग रक्त शर्करा 70-130 मिग्रा. हो तथा खाने के बाद–पी.पी. (दो घंटे बाद) का माप 180 मिग्रा./डे.ली. से कम हो।

उसी तरह रक्तचाप 130/80 के आसपास हो। बढ़े रक्तचाप के लिए एस इनहिबिटर्स या ए.आर.बी. सबसे उपयुक्त हैं। इनसे अगर बात नहीं बन रही तो अन्य दवाइयों का भी इस्तेमाल किया जा सकता है। वसा को नियन्त्रित तभी मानते हैं जब एल.डी.एल. 100 मिग्रा./डे.ली. से कम हो, कॉलेस्ट्रॉल 150 मिग्रा./डे.ली. से कम हो तथा एच.डी.एल. 40-50 मिग्रा./डे.ली. से ज़्यादा हो। इनका स्तर और नीचे रखने की सलाह (एल.डी.एल. 70 मिग्रा./डे.ली) हम देते हैं अगर किसी को साथ में हृदय की बीमारी हो या उसे दो या दो से अधिक हृदय सम्बन्धित 'रिस्क फैक्टर्स' हों। वसा नियन्त्रण के लिए 'स्टैटीन' ग्रुप की औषधि बहुत कारगर है।

इसके अतिरिक्त वैसे मरीज़ को एस्पिरिन लेने की सलाह भी देते हैं जिनमें 'रिस्क फैक्टर्स' मौजूद हों तथा जिनकी आयु 40 वर्ष से अधिक हो।

शर्करा नियन्त्रण : इसके अन्तर्गत खानपान से सम्बन्धित हिदायतें अस्पतालों में उपलब्ध आहार-तालिका में लिखित होती हैं। प्रत्येक समूह विशेष के लिए एक विशेष तालिका होती है तथा प्रत्येक समूह के लिए एक अनुमोदित ऊर्जा (कैलोरी) राशि होती है। मरीज़ों को इसे अवश्य ध्यान में रखकर खानपान में होने वाली अनियमितताओं से बचना चाहिए।

व्यायाम : व्यायाम भी उतना ही ज़रूरी है जितना खान-पान की हिदायतें। नियम से एक घंटा टहलने के लिए निकालना है। ध्यान रहे कि खाने के तुरन्त बाद घूमने नहीं जाना है। हृदय के मरीज़ ख़ासकर बहुत ठंडे मौसम में, चढ़ाई वाले रास्ते पर, भोजन के तुरन्त बाद घूमने नहीं निकलें।

व्यायाम से ऊर्जा का खपत होता है, तन्त्रों की कार्य शैली अच्छी होती है तथा इन्सुलिन की प्रभावी क्षमता बढ़ती है। इसके अतिरिक्त मानसिक तथा मनोवैज्ञानिक क्षमताएँ भी विकसित होती हैं।

टहलने के अतिरिक्त कुछ योगाभ्यास भी करना चाहिए; इससे पाचन क्रियाएँ तथा सन्धियों को बहुत फ़ायदा होता है।

औषधियाँ : मधुमेह के लिए उपलब्ध औषधियों को दो समूहों में बाँटा जा सकता है–

इन्सुलिन : यह सभी टाइप–1 मधुमेह के मरीज़ों के लिए, टाइप–2 के मरीज़ों के लिए, जिनका शर्करा गोलियों से नियन्त्रित नहीं है, प्रसूत की अवस्था में तथा सभी आपातकालीन स्थितियों के लिए अनुमोदित औषधि है। इसका प्रयोग चिकित्सक की देख-रेख में होना चाहिए तथा सभी हिदायतों का भलीभाँति पालन किया जाना चाहिए। मरीज़ को अपने साथ कुछ मीठा अवश्य रखना चाहिए, ताकि हाइपो के समय तुरन्त खा सके। ग्लूकोमीटर भी मरीज़ को अवश्य रखना चाहिए जो समय-समय पर या संशय की स्थिति में आपको स्पष्ट दृश्य प्रदान कर सके।

ओ.एच.ए. : मुँह से प्रयोग किये जाने वाले मधुमेह की औषधियों को ओ. एच.ए. कहते हैं। इसके अन्तर्गत क़रीब सात-आठ ग्रुप की औषधियाँ आती हैं। इनका प्रयोग चिकित्सक की देख-रेख में ही होना चाहिए क्योंकि प्रत्येक औषधि हर समूह के मरीज़ों के लिए उपयुक्त नहीं होता, जैसे कि स्थूल मधुमेह के मरीज़ों के लिए मेटफॉर्मिन या ग्लिपटिन अच्छे होते हैं, न कि सल्फोनिलयूरिया; उसी तरह हृदय के मरीज़ों के लिए ग्लिटाजोन्स अच्छे नहीं होते। इनका ध्यान तो चिकित्सक ही रख सकता है।

विषमताएँ : शरीर का कोई भी अंग ऐसा नहीं जो मधुमेह से ग्रसित नहीं होता। परन्तु मधुमेह तभी विषमताएँ पैदा करता है जब शर्करा बिल्कुल अनियन्त्रित हो। अनियन्त्रित शर्करा गुर्दे, स्नायु, आँखों तथा हृदय को मुख्यतः ग्रसित करते हैं। आजकल रेनल फेलिअर, अन्धापन का सबसे पहला कारण मधुमेह बन गया है। हृदय की बीमारियों के लिए भी मधुमेह एक बहुत बड़ा कारण है। इसके अतिरिक्त बार-बार संक्रमण होना, घावों का नहीं सूखना, डायबिटिक कीटोएसिडोसिस, हाइपर ऑसमोलर कोमा भी सामान्य जटिलताएँ हैं और इनका तुरन्त इलाज होना चाहिए, नहीं तो जान पर ख़तरा रहता है।

पर इन सबों से ज़्यादा ख़तरनाक शर्करा का अचानक घटना माना जाता है। हाइपो को अगर तुरन्त ठीक नहीं किया गया तो मस्तिष्क के अन्दर स्थायी दुष्प्रभाव आ जाते हैं जो फिर ठीक नहीं हो सकता। इसलिए बहुत ज़रूरी है कि हाइपो का तुरन्त इलाज किया जाये। मरीज़ों तथा क़रीबी रिश्तेदारों को हाइपो के लक्षण जानना चाहिए तथा मरीज़ के पास कुछ-न-कुछ मीठा अवश्य उपलब्ध हो जिसे वह आपातकालीन स्थिति में इस्तेमाल कर सके। हाइपो में नाड़ी (पल्स) तेज़ हो जाती है, पसीने छूटने लगते हैं, आँख की रोशनी कम हो जाती है या दो-दो दिखने लगते हैं, मरीज़ होश खोने लगता है, अट-पट बोल सकता है, साँस तेज़ हो जाती है आदि।

हाइपो ख़ासकर रेनल फेलिअर, शराब का प्रयोग करने वालों, लिवर फेलिअर के मरीज़ों में देखा जाता है। भोजन नहीं करना या भूल जाना, दवाइयों का ग़लती से ज़्यादा मात्रा ले लेना आदि इसके प्रमुख कारण हैं। सल्फोनिलयूरिया गोलियों का प्रभाव बहुत देर तक रहता है। अगर इसकी वजह से हाइपो हो रहा है तो मरीज़ को भर्ती कराकर लगातार ग्लूकोज चढ़ाना पड़ता है।

कुल मिलाकर यह कहा जा सकता है कि मधुमेह एक जटिल बीमारी है, पर अगर इच्छा शक्ति है तथा औषधियाँ उपलब्ध हों तो चिकित्सक की मदद से तथा व्यायाम व खान-पान की हिदायतों से इस पर जीत हासिल की जा सकती है।

गुर्दों की क्षति (रेनल फेलिअर)

किसी गाड़ी को चलाने में जो महत्त्व और भूमिका इंजन की होती है, हमारे शरीर में वही भूमिका एक जोड़ी गुर्दों की होती है। स्वस्थ शरीर के लिए आवश्यक है निरन्तर विकाररहित रक्त, जो शरीर में उत्पन्न अशुद्धियों के बहिष्करण से प्राप्त होता है। गुर्दे रक्त की इस शुद्धीकरण प्रक्रिया का मूल माध्यम हैं। यह सच है कि पहले की अपेक्षा अब गुर्दे के मरीज़ अधिक देखे जाते हैं। इसके लिए ज़िम्मेदार है हमारी तनावपूर्ण जीवन-शैली के कारण मधुमेह तथा उच्च रक्तचाप के मामलों में बढ़ोतरी। दूसरा कारण है, अत्याधुनिक चिकित्सा सुविधाओं का अस्पतालों में सहज सुलभ होना जिसकी वजह से बीमारी प्रारम्भिक अवस्था में ही पकड़ में आ जाती है। लोगों में बढ़ती जागरूकता से भी इनकार नहीं किया जा सकता है।

वसा तथा कार्बोहाइड्रेट के विखंडन से जल तथा कार्बन डाइआक्साइड बनती है जो फेफड़ों के माध्यम से बाहर निकलती है, परन्तु प्रोटीन 'नॉन वोलाटाइल मेटाबोलिक वेस्ट' बनाता है जिसे रक्त से छनकर निकालने की आवश्यकता होती है और यह काम गुर्दे बख़ूबी निभाते हैं। सामान्य स्थिति में शरीर में उत्पन्न 'मेटाबोलिक वेस्ट' अर्थात अशुद्धियों तथा गुर्दों की निष्कासन-क्षमता के बीच एक सामंजस्य होता है। जब गुर्दे काम करना बन्द कर देते हैं तो विकार तथा अशुद्धियाँ रक्त में जमा होने लगती हैं। इस स्थिति को 'रेनल फेलिअर' कहते हैं। गुर्दों की छनन क्षमता क़रीब 120 मिली. प्रति मिनट होती है अर्थात 120 मिली. रक्त प्रति मिनट गुर्दों के द्वारा साफ़ हो जाता है और यह प्रक्रिया निरन्तर जारी रहती है। गुर्दों की छनन क्षमता के आधार पर गुर्दों की क्षतिग्रस्तता तय की जाती है और इस प्रकार रेनल फेलिअर को निम्न माध्यम तथा अति गम्भीर वर्गों में बाँटा जाता है।

रेनल फेलिअर दो प्रकार के होते हैं—एक्यूट तथा क्रॉनिक। जब गुर्दा अचानक काम करना बन्द कर देते हैं तो इसे एक्यूट रेनल फेलिअर कहा जाता है। इसका

इलाज अगर समय से हो जाये तो गुर्दे कुछ समय बाद पूर्ववत हो जाते हैं तथा मरीज़ स्वस्थ हो जाता है। इसके विपरीत, क्रॉनिक रेनल फेलिअर में गुर्दे धीरे-धीरे ख़राब होते जाते हैं और वे अपनी सामान्य स्थिति कभी प्राप्त नहीं कर पाते। कुछ एक महीनों या सालों के बाद ये पूर्णतः कार्य करना बन्द कर देते हैं। मधुमेह और उच्च रक्तचाप के अलावा गुर्दों के कुछ जन्मजात विकार या ग्लोमेरूलोनेफ्राइटिस आदि बीमारियाँ भी गुर्दों के फेल होने के लिए ज़िम्मेदार होती हैं।

पर इसकी समय रहते पहचान के लिए आवश्यक है कि रोगी कमज़ोरी, थकान, भूख नहीं लगना, उलटी, पैरों में सूजन, उच्च रक्तचाप, साँस फूलने, ख़ून की कमी, हड्डी तथा जोड़ों में दर्द, नाक एवं मसूढ़ों से ख़ून रिसने आदि की शिकायत होते ही अनुभवी और विशेषज्ञ चिकित्सक को दिखाएँ।

इस रोग की निश्चितता परखने के लिए मुख्यतः पेशाब तथा रक्त की जाँच, अल्ट्रासाउंड, जीएफआर रेडियो स्कैन आदि किया जाता है।

उपचार : अत्यन्त कम या मध्यम स्तर के रेनल फेलिअर के लिए पारम्परिक या डायलिसिस रहित चिकित्सा पर्याप्त होती है जबकि क्रॉनिक रेनल फेलिअर के लिए डायलिसिस या गुर्दा प्रत्यारोपण आवश्यक है।

अत्यन्त कम स्तर के फेलिअर के लिए पारम्परिक चिकित्सा के अन्तर्गत खानपान में परहेज आवश्यक होता है। प्रोटीन की मात्रा घटाकर 30-35 ग्राम प्रतिदिन कर दी जाती है। भोजन में नमक की मात्रा 4-5 ग्राम प्रतिदिन के हिसाब से सीमित कर दी जाती है। पेयजल की मात्रा 24 घंटे के पेशाब की मात्रा के बराबर या उससे 500 मिली. अधिक होनी चाहिए। गुर्दों की ख़राबी के मामले में उच्च रक्तचाप का तुरन्त तथा सही इलाज बहुत ज़रूरी है क्योंकि अकेले उच्च रक्तचाप बहुत-सी जटिलताएँ पैदा कर देता है। मरीज़ में ख़ून की कमी से निपटने के लिए आयरन तथा इरिथ्रोपोइटिन दी जाती है, परन्तु इरिथ्रोपोइटिन के बहुत महँगा होने के कारण यह आम मरीज़ों की पहुँच से बाहर है। इसके अतिरिक्त कैल्शियम तथा विटामिन डी की उपयुक्त मात्रा भी बहुत ज़रूरी है। एक ख़ास बात का ध्यान रखना आवश्यक है कि गुर्दों को हानि पहुँचाने वाले तत्त्व तथा एमिनोग्लाइकोसाइड्स, एनसेड्स, एम्फोटेरेसिन ग्रुप की दवाइयों का प्रयोग बिल्कुल न हो। इसके अलावा क्रॉनिक रेनल फेलिअर की दशा में डायलिसिस करवाकर जीवन-अवधि को बढ़ाया जा सकता है या गुर्दा प्रत्यारोपण के द्वारा सामान्य जीवन जिया जा सकता है।

डायलिसिस : गुर्दों की भीषण बीमारियों के लिए यह बहुत आवश्यक है। ये दो प्रकार के होते हैं—हिमोडायलिसिस तथा पेरिटोनियल डायलिसिस। मोटे तौर पर, दोनों ही विधियों से डायलिसिस के द्वारा शरीर के दूषित रक्त को शुद्ध किया जाता है।

4-5 घंटों के सत्र में सप्ताह में दो से तीन बार कराये जाने वाले हिमोडायलिसिस के अन्तर्गत अशुद्ध रक्त और डायलिसेट को सम्पर्क में लाया जाता है जिससे अशुद्धियाँ डायलिसेट में चली जाती हैं। कृत्रिम गुर्दे में अशुद्ध रक्त और डायलिसेट एक पतली झिल्ली के द्वारा अलग रखी जाती है। डिफ्यूजन विधि से रक्त के दूषित पदार्थ डायलिसेट में चले जाते हैं जिन्हें बाहर फेंक दिया जाता है। इस प्रकार रक्त साफ़ हो जाता है। इसकी सुविधा प्रायः सभी सरकारी, ग़ैर-सरकारी अस्पतालों में उपलब्ध है और इसका प्रतिदिन का ख़र्च 700-800 रुपये आता है।

पेरिटोनियल डायलिसिस में डायलिसेट को पेरिटोनियल कैविटी यानी उदर में डाला जाता है और आधे घंटे बाद बाहर निकाल दिया जाता है। रक्त की अशुद्धियाँ छानकर डायलिसेट में माध्यम से बाहर आ जाती हैं। यह प्रक्रिया लगातार 24 से 36 घंटों तक की जाती है। इसे एक्यूट रेनल फेलिअर तथा एक्यूट आन क्रोनिक रेनल फेलिअर के लिए काफ़ी अच्छा माना जाता है।

एक्यूट पेरिटोनियल डायलिसिस के ही सिद्धान्त पर कार्य करने वाली पद्धति सीएपीडी यानी कॉन्टीन्सूयस एम्ब्युलेटरी पेरिटोनियल डायलिसिस को भी क्रॉनिक रेनल फेलिअर के लिए बहुत अच्छा माना जाता है। विदेशों में यह बहुत ही लोकप्रिय है क्योंकि मरीज़ घर बैठे ही स्वयं इसे कर सकता है। रोज़ 24 घंटों के अन्दर तीन बार यह प्रक्रिया दोहरानी होती है। परन्तु एक महीने का इसका ख़र्च क़रीब 20 से 25 हज़ार रुपये आता है।

गुर्दा प्रत्यारोपण : इसके लिए रोगी के ब्लड ग्रुप वाले दानकर्ता की आवश्यकता होती है जिसके दोनों गुर्दे सलामत हों। विशेष परिस्थितियों में डोनर रोगी से असम्बद्ध व्यक्ति भी हो सकता है, पर इसके लिए

सरकार द्वारा गठित आयोग से अनुमति लेनी होती है। आयोग का मुख्य उद्देश्य समाज में चले आ रहे अवैध अंग व्यापार पर अंकुश लगाना है। असम्बद्ध व्यक्तियों में अनुमति लेने के क्रम में पति-पत्नी सबसे ऊपर आते हैं।

पश्चिमी देशों में मृत व्यक्तियों के अंगों का प्रत्यारोपण काफ़ी प्रचलित है, पर इसके लिए विस्तार संचार एवं परिवहन व्यवस्था की आवश्यकता होती है ताकि 24-28 घंटों के भीतर ही मृतक के शरीर से गुर्दे को निकालकर रोगी में प्रत्यारोपित किया जा सके। भारत जैसे देश के लिए अभी यह सम्भव नहीं है। गुर्दा प्रत्यारोपण का ख़र्च क़रीब दो लाख रुपये आता है। प्रत्यारोपण के पश्चात भी मरीज़ों को लगातार कुछ दवाएँ खानी होती हैं।

प्रत्यारोपण ख़र्चीला ज़रूर है, पर सफल प्रत्यारोपण के बाद मरीज़ एक स्वस्थ और सुखी जीवन व्यतीत कर सकता है। गुर्दा दानकर्ता को यह बात मन से निकाल देनी चाहिए कि एक गुर्दे से उसका जीवन ठीक से नहीं चल पायेगा। डोनर एक ही गुर्दे पर स्वस्थ ज़िन्दगी जी सकता है। यह कुदरत की बहुत बड़ी देन है कि शरीर में गुर्दे दो होते हैं, परन्तु जीवन जीने में एक गुर्दे के कारण कोई बाधा नहीं आती। यही कारण है कि अन्य प्रत्यारोपणों की तुलना में गुर्दा प्रत्यारोपण ज़्यादा सहज और हानिरहित है।

कुल मिलाकर निष्कर्ष यह कि प्रत्यारोपण के अलावा ख़राब गुर्दों के उपचार का लक्ष्य गुर्दों के बचे हिस्सों को और ख़राब होने से बचाना, गुर्दों की क्षति-दर को धीमा करना है।

बहरहाल, इलाज से बचाव हमेशा अच्छा होता है अतः गुर्दों को नुक़सान होने से बचाने का हर सम्भव प्रयास करना चाहिए। पेशाब की संक्रामक बीमारियों या पेट में पत्थर, पुरुषों में प्रोस्टेट, औरतों में गर्भाशय कैंसर या किसी भी तरह के पैदाइशी विकार का समय रहते इलाज अवश्य हो जाना चाहिए। ध्यान रखिए, गुर्दे नहीं हों तो स्वास्थ्य नहीं और यदि स्वास्थ्य नहीं तो निश्चिन्त और रोगरहित जीवन नहीं।

डायलिसिस (रक्त प्रक्षालक) : गुर्दे जब ख़राब होते हैं तब रक्त में उपस्थित वैसे तत्त्व जिन्हें मूत्र से उत्सर्जित होना चाहिए, रक्त में संचित होने लगते हैं। डायलिसिस एक विधि है जिसके द्वारा शरीर के दूषित रक्त को शुद्ध किया जाता है। डायलिसिस दो प्रकार का होता है—

1. हेमोडायलिसिस
2. पेरीटोनियल डायलिसिस

हेमोडायलिसिस : हेमोडायलिसिस में शरीर के अशुद्ध रक्त को कृत्रिम गुर्दों में डायलिसिस मशीन द्वारा प्रवाहित कराया जाता है। कृत्रिम गुर्दे में अशुद्ध रक्त से शरीर के विकार डायलाइसेट में चले जाते हैं। अशुद्ध रक्त शुद्ध होकर पुनः शरीर में चला जाता है। अशुद्धिपूर्ण डायलाइसेट को फेंक दिया जाता है।

पेरीटोनियल डायलिसिस : इस विधि में डायलाइसेट को पेरीटोनियल कैविटी (उदर) में डाला जाता है। पेरीटोनियल मेंब्रेन एक सेमी-परमियेबल मेंब्रेन का काम करता है। डिफ्यूजन के द्वारा अशुद्ध रक्त से शरीर के विकार निकलकर डायलाइसेट में चले जाते हैं। डायलाइसेट को पेरीटोनियल कैविटी से निकालकर फेंक दिया जाता है। डायलिसिस के द्वारा क्रॉनिक रेनल फेलिअर (CRF) के मरीज़ सामान्य जीवन व्यतीत कर सकते हैं।

हेमोडायलिसिस प्रति सप्ताह दो बार चार-चार घंटों के सत्र में करना पड़ता है। हेमोडायलिसिस का ख़र्च लगभग छह सौ रुपये प्रति सत्र आता है। सभी मुख्य अस्पतालों जैसे दिल्ली के अखिल भारतीय आयुर्विज्ञान संस्थान, डॉ. राममनोहर लोहिया, सफदरजंग, लोकनायक जयप्रकाश नारायण, जी.बी. पन्त; पी.जी.आई. चंडीगढ़; एस.जी.पी.जी. आई. लखनऊ आदि में इसकी सुविधा उपलब्ध है।

लोगों में यह ग़लत धारणा है कि सभी गुर्दे के मरीज़ों को डायलिसिस की आवश्यकता होती है। सीआरएफ के मरीज़ों को आरम्भ में कंजरवेटिव मैनेजमेंट (डायलिसिस रहित उपचार) में रखा जाता है। इस विधि से बीमारी के लक्षण कम हो जाते हैं और मरीज़ कुछ समय तक सामान्य जीवन व्यतीत कर सकता है।

जब गुर्दे की रक्त साफ़ करने की क्षमता (क्रियटीनिन क्लियरेंस) 10 मिली./मिनट से कम हो जाये और मरीज़ों को उलटी, भूख नहीं लगने, कमज़ोरी, साँस फूलना, छाती में दर्द की शिकायत होने लगे तभी मरीज़ों को डायलिसिस की आवश्यकता होती है। डायलिसिस के दौरान मरीज़ों में अनेक तरह की जटिलताएँ पैदा हो सकती हैं जिनमें प्रमुख हैं निम्न रक्तचाप, मांसपेशियों में खिंचाव, सिरदर्द, छाती में दर्द, खुजली और बुख़ार। डायलिसिस सीआरएफ के मरीज़ों का निदान नहीं है। इसका अन्तिम इलाज गुर्दा प्रत्यारोपण है।

पेरीटोनिअल डायलिसिस बच्चों, बूढ़ों, निम्न रक्तचाप वाले मरीज़ों में, रक्तस्राव की स्थितियों में, यूरेमिक पेरिकारडाइटिस तथा यूरेमिक इंसेफ्लाइटिस में हेमोडायलिसिस की अपेक्षा ज़्यादा श्रेयस्कर होता है। परन्तु जहाँ पेट की शल्य चिकित्सा हो रखी हो या जटिल परिस्थिति में जहाँ तीव्र डायलिसिस प्रक्रिया अनिवार्य हो वहाँ हेमोडायलिसिस अच्छा माना जाता है।

पेरीटोनिअल डायलिसिस पर आधारित सीएपीडी क्रॉनिक रेनल फेलिओर के लिए एक बहुत अच्छा उपाय है जिसमें मरीज़ स्वयं घर पर ही इस प्रक्रिया को कर सकता है। अस्पताल में जाने या डॉक्टरों की प्रतिदिन देखरेख या तकनीकी कार्यकर्ताओं की सहायता की आवश्यकता नहीं पड़ती। इस प्रकार दूर स्थित गाँव में भी मरीज़ इस प्रक्रिया को कर सकता है और स्वस्थ रह सकता है।

मरीज़ के डायलिसिस पर आने के बाद खान-पान की कटौतियों से बहुत हद तक पाबन्दी हटा ली जाती है तथा डायलिसिस के द्वारा प्रोटीन क्षय को रोकने के लिए प्रोटीन की अत्यधिक मात्रा दी जाने लगती है।

गुर्दों की पथरी और लिथोट्रिप्सी

रोग प्रतिरोधक प्रणाली के कमज़ोर पड़ जाने से शरीर के संक्रमण से कमोबेश हर कोई बावस्ता होता है, पर 'शरीरम् व्याधि मदिरम्' का सत्य पुख़्ता करने वाले कई रोग, रोग प्रतिरोधक प्रणाली की पहुँच से बहुत ऊपर जाकर भी मनुष्य को धर दबोचते हैं और उन रोगों में से एक है—गुर्दों या पेशाब की थैली में पत्थर होना। इस बीमारी का रोग-प्रतिरोधक प्रणाली से कोई सम्बन्ध नहीं होता बल्कि जीवन-शैली और खानपान में हुई कोताही आहिस्ता-आहिस्ता जमा होकर इन शारीरिक अवयवों में पत्थर के रूप में सामने आती है। गुर्दे दरअसल, शरीर के अन्दर-अन्दर ख़ून को छानते हैं और इसमें उपस्थित विषैले तत्त्वों को पेशाब के माध्यम से बाहर निकालते हैं। यहाँ यह जानना ज़रूरी है कि जब आप पानी कम पीयेंगे तो ज़ाहिर है गुर्दे और शरीर की अन्दरूनी सफ़ाई प्रक्रिया प्रभावित होगी और तमाम विषैले तत्त्व पूरी तरह शरीर से बाहर न निकलकर मूत्रमार्ग के अन्दर जमा होकर पत्थर बन जायेंगे। फिल्टर की भूमिका में उतरे इन गुर्दों की कार्यक्षमता पत्थर होने के कारण चुकने लगती है।

पेट दर्द, बार-बार मूत्रमार्ग का संक्रमण, पेशाब की रुकावट, भूख नहीं लगना, बुख़ार या सिहरन होना गुर्दे या पेशाब की थैली में पत्थर होने के आम लक्षण हैं। स्वेदन के माध्यम से शरीर से अधिक पानी निकलने और उसके फलस्वरूप शरीर में हानिकारक तत्त्वों के कणों का आनुपातिक सन्तुलन बिगड़ जाने से पत्थर बन जाते हैं। कुछ बीमारियों, मसलन हाइपरकैल्शिमिया, हाइपरयूरेशिमिया, ऑक्जेलेसिस, हाइपर पैराथॉयरॉयडिज्म, ल्यूकेमिया, लिम्फोमा आदि में ख़ून में कैल्शियम, यूरिक अम्ल का स्तर और सीरम ऑग्जेलेट आदि का स्तर बढ़ने से पत्थर बनने लगते हैं। एक प्रकार के क्षयरोग से मिलते-जुलते लक्षणों वाले सारक्वांयडोसिस रोग में भी रक्त कैल्शियम बढ़ता है। शारीरिक अक्षमता के कारण लगातार बिस्तर पर पड़े रहने की वजह से हड्डियों से कैल्शियम रिसने से

रक्त में कैल्शियम की मात्रा बढ़ जाती है और पत्थर बन जाते हैं। इसके अलावा रेनल ट्यूबुलर एसिडोसिस, मेड्यूलरी स्पौंजी किडनी जैसे जन्मजात विकारों के कारण भी पत्थर बन सकते हैं। मूत्रमार्ग में रुकावट की पैदाइशी बीमारी भी गुर्दों या पेशाब की थैली में पत्थर का कारण बन सकती है। मूत्रमार्ग में संक्रमण के दौरान प्रोटियस बैक्टीरिया के कारण होने वाले पत्थर के केस महिलाओं में आम होते हैं। यही नहीं, भोज्य पदार्थ भी पत्थर बनने की प्रक्रिया को उकसाते हैं। चूँकि पालक, बन्दगोभी, मूली से बने भोज्य पदार्थ में ऑग्जेलेट की मात्रा अधिक होती है, इसलिए इनके अत्यधिक सेवन से शरीर में पत्थर बनने की अनुकूल परिस्थितियाँ तैयार हो जाती हैं। उसी तरह अत्यधिक दूध, अंडे और मांसाहारी भोजन भी गुर्दे की पथरी बनाने में बहुत योगदान देते हैं। इनके अलावा, पेट में अम्लता को कम करने वाली दवाएँ और कैल्शियम की क्षतिपूर्ति के लिए दी जाने वाली औषधियों का भी गुर्दों और पेशाब की थैली में पत्थर निर्माण से गहरा रिश्ता है। अत्यधिक वसायुक्त भोजन भी इस रोग को भड़का सकता है। साइट्रेट, मैग्नीशियम, पाइरोफॉस्फेट और विटामिन ए आदि पोषक तत्त्व शरीर में पत्थर बनने की प्रक्रिया पर अंकुश लगाने का काम करते हैं अतः इनकी कमी होने पर इस रोग को बढ़ावा मिल सकता है।

प्रयोगाधारित जाँच

क्लीनिकल जाँचों के बाद पेशाब की सामान्य जाँचें कल्चर और यूरिन पीएच आदि की जाती है। पेशाब में यूरिक अम्ल कैल्शियम और ऑग्जेलेट की मात्रा तय करते हैं तथा पेट का सामान्य एक्स-रे, अल्ट्रासाउंड के अलावा किडनी की क्रियाविधि के सही-सही आकलन के लिए इंट्राविनस पाइलोग्राफी, सीटी यूरोग्राफी, एमआर यूरोग्राफी आदि की जाँच की जाती है। इन सभी जाँचों में तय हो जाता है कि पत्थर कितना बड़ा और कितनी संख्या में है और इसकी प्रकृति कैसी है। उपर्युक्त जाँचों के आधार पर चिकित्सक तय करता है कि रोगी को कैसी चिकित्सा दी जाये। पत्थर यदि आकार में छोटा हो, मात्र एक हो, रोगी को अधिक पेट दर्द की शिकायत न हो, पेशाब में जलन न हो, पेशाब में ख़ून नहीं आ रहा हो, मूत्रमार्ग में बारम्बार संक्रमण की शिकायत नहीं हो तो चिकित्सा के रूप में अधिक-से-अधिक पानी पीने की सलाह, अधिक प्रोटीनयुक्त भोजन नहीं लेने की हिदायत के साथ-साथ पोटैशियम साइट्रेट और अमोनियम साइट्रेट जैसी पथरी-निर्माण-निरोधक दवाएँ दी जाती हैं। साथ ही रोगी को निगरानी में रखकर

पत्थर बनने की प्रवृत्ति पर ध्यान रखा जाता है। मरीज़ को हिदायत दी जाती है कि रोज़ाना तीन से चार लीटर पानी पीयें। यूरिक एसिड स्टोन तथा आरटीए की स्थिति में नियमपूर्वक अलकली (क्षारीय) का प्रयोग करें। यदि पत्थर बड़ा हो या मूत्रनली में बाधा पैदा कर रहा हो तो उससे निजात पाने के लिए शल्य-क्रिया ही एकमात्र समाधान होती है क्योंकि पत्थर द्वारा पीछे की ओर दबाव बढ़ने से किडनी के ख़राब होने के ख़तरे बढ़ जाते हैं।

पारम्परिक तरीक़े से की जाने वाली शल्य क्रिया के तहत पेट में बड़ा चीरा लगाकर पत्थर निकाल दिया जाता है, पर अब उसका प्रचलन बहुत कम हो गया है। इएसडब्ल्यू लिथोट्रिप्सी में अंगविशेष में पत्थर की उपस्थिति को बड़ी बारीकी से तय करके अल्ट्रासाउंड तरंगें बाहरी रूप से पेट के उस स्थान पर डाली जाती हैं जो अन्ततः पत्थर को लगभग पाउडर के रूप में तोड़ देते हैं जो पेशाब के रास्ते निकल जाता है। यह शल्य क्रिया अपेक्षाकृत महँगी होती है। एंडोस्कोपिक लिथोट्रिप्सी के तहत यूरेटर के अन्दर दूरबीन डालकर अल्ट्रासोनिक तरंगें पत्थर पर सीधे या प्रत्यक्ष डाली जाती हैं। यहाँ भी पत्थर अत्यन्त बारीक रूप से टूट जाता है। लिथोट्रिप्सी रक्तहीन क्रिया होती है। एंडोस्कोपिक लिथोट्रिप्सी का भी कोई दुष्प्रभाव नहीं होता और इसकी असफलता प्रतिशत प्रायः शून्य होती है। एक अन्य शल्य क्रिया के तहत पीठ की तरफ़ किडनी की सीध में एक छेद कर उसके माध्यम से नेफ्रोस्कोप नामक दूरबीन किडनी में डालकर पत्थर को सीधे-सीधे उठाकर बाहर निकाल लिया जाता है। अगर पत्थर बहुत बड़ा हुआ तो उसे टुकड़ों में तोड़कर उसी छेद के रास्ते बाहर निकाल लिया जाता है। पारम्परिक शल्य क्रिया की तुलना में यह उपचार अधिक ग्राह्य और लोकप्रिय है, क्योंकि इसमें रक्त नहीं बहता और यदि बहता भी है तो बहुत कम।

मूलतः कैल्शियम ऑग्जेलेट, फॉस्फेट, यूरिक एसिड और सिस्टीन स्टोन मजदूर वर्ग, श्वेत वर्ग के लोगों के अलावा महिलाओं की तुलना में पुरुषों में अधिक पाया जाता है। उत्तर भारत के लोगों में ख़ास तरह के भोजन और खान-पान के कारण किडनी और मूत्रनली आदि में पत्थर होने की घटनाएँ अधिक होती हैं। कई मामलों में यह रोग आनुवंशिक भी होता है।

बहरहाल, हर हाल में इलाज से बचाव अच्छा होता है। जीवन-शैली में स्वास्थ्यकर बदलाव और कतिपय प्राकृतिक नियमों को जीवन का अंग बनाकर ही पत्थर के इस रोग पथरी से हमेशा के लिए बचा जा सकता है।

मोटापा और इससे होने वाली बीमारियाँ

मोटापा और समृद्धि में गहरा रिश्ता है समानुपात का और स्थूलता सम्पन्न देशों का आईना है। परन्तु आज स्थूलता अच्छे स्वास्थ्य का विलोम माना जाने लगा है और कुछ क़स्बों या क्षेत्रों को छोड़कर, जहाँ स्थूल स्त्रियाँ अब भी सुन्दरता का प्रतीक मानी जाती हैं, इसे कहीं भी प्रोत्साहित नहीं किया जा रहा है। इंग्लैंड और अमेरिका में 50% से अधिक युवा मोटे हैं और इनमें से कुछ तो गम्भीर मोटापा के मरीज़ हैं।

प्रगतिशील देशों की प्रतिस्पर्धता उन्हें कम-से-कम इस क्षेत्र में उन्नत देशों के समकक्ष रखती है और इसका प्रतिशत यहाँ तीव्र गति से बढ़ रहा है। अब भला भारत क्यों पीछे रहने लगा! अब तो भारत में मोटापा तथा उससे होने वाली बीमारियों का प्रतिशत विश्व में शायद सबसे ज़्यादा हो गया है। इस तरह देखा जाये तो मोटापा कुपोषण सम्बन्धित बीमारियों में सबसे प्रमुख है और आम भाषा में इसे शरीर में वसा की अत्यधिक परतों का जमा होना मानते हैं। 20-40 वर्ष की आयु में यह सबसे अधिक होता है। इसका बढ़ती आयु से कोई सम्बन्ध नहीं है। दरअसल, वज़न का बढ़ना-घटना एक ओर भोजन तथा दूसरी ओर शारीरिक गतिविधियों पर निर्भर करता है। अगर शारीरिक गतिविधियों तथा भोजन से उत्पन्न ऊर्जा के बीच एक सामंजस्य हो तो वज़न परिवर्तन नहीं होगा। वर्तमान परिस्थिति गम्भीर इसलिए है कि गतिविधियाँ निरन्तर कम होती जा रही हैं और आधुनिक जीवन-शैली नित्य वसा की परतें बढ़ाती जा रही है। मध्यावस्था तक प्रायः सभी लोगों में अप्रत्याशित शारीरिक वृद्धि देखने को मिलती है। इसी से प्रचलित एक कहावत है—"मध्यवय में हम मध्य से बढ़ने लगते हैं।"

आधुनिकता, बाज़ारीकरण और प्रतिस्पर्धा कुछ ऐसे तथ्य हैं जिसने सामान्य जीवन को सामान्य नहीं रहने दिया है। आज सभी एक होड़ में शामिल हैं। छलाँग लगा रहे हैं कि कम-से-कम समय में अधिकतम ऊँचाइयाँ छू लें। इन्हीं दौड़ों

ने ईजाद किया है टर्म इंस्टैंट या त्वरित का। इंस्टैंट फूड, इंस्टैंट मैरिज, इंस्टैंट तलाक आदि। आज का युवा वर्ग तो केवल वर्तमान के लिए जी रहा है। अतीत में वह झाँकना नहीं चाहता और भविष्य की उसे चिन्ता नहीं। परिस्थितियाँ ऐसी हों तो परिणाम की कल्पना की जा सकती है और स्वास्थ्य का क्षेत्र भी इसका अपवाद नहीं।

प्रश्न बच्चों के स्वास्थ्य का हो तो समस्या और भी गम्भीर प्रतीत होती है। बच्चे शारीरिक, मानसिक तथा मनोवैज्ञानिक रूप से पूर्णतः अपने माता-पिता पर आश्रित होते हैं। व्यस्त माता-पिता अक्सर अपने बच्चों को बहुमूल्य और बहुप्रचारित खाद्य पदार्थ और पेय उपलब्ध कराकर अपने कर्तव्य की इतिश्री समझ लेते हैं, किन्तु इनके लिए ये बाज़ारू चीज़ें उपलब्ध कराना ही काफ़ी नहीं होता। ये न तो पौष्टिक होते हैं और न ही सन्तुलित। बच्चों का स्वास्थ्य झकझोरने का यह क्रम निरन्तर तब तक चलता रहता है जब तक बच्चे स्थूलता, उच्च रक्तचाप या मधुमेह के मरीज़ नहीं बन जाते। माता-पिता के सान्निध्य की क्षतिपूर्ति ये चीज़ें कभी नहीं हो सकतीं। मानसिक तथा मनोवैज्ञानिक उलझनें समझनी पड़ती हैं, पर बेचारे माता-पिता भी क्या करें? थके-माँदे दम्पती कभी ख़ुद को सँभालते हैं तो कभी बाल-बच्चों और घर को।

आधुनिक जीवन-शैली पारम्परिक पद्धतियों से बिल्कुल हटकर एक अलग रास्ता बना रही है। कुछ तो विवशता में और कुछ नकल में। फास्ट फूड, कोल्ड ड्रिंक्स आदि व्यस्त परिवारों के लिए वरदान हैं, पर लोगों को इसकी क़ीमत चुकानी पड़ती है अधिक मूल्य देकर और अधिक बीमारियाँ लेकर।

नौकरियों और व्यवसायों में प्रतिस्पर्धा इतनी बढ़ी है कि कल पर किसी काम को छोड़ने की बात ही नहीं सोची जा सकती। 18 घंटे प्रतिदिन काम करना भी पड़े तो कोई बात नहीं, टारगेट पूरा होना चाहिए। एकरसता को भंग करने के लिए तथा चुस्ती बनाए रखने के लिए लोग दस तरह की औषधियों, पेय पदार्थों तथा नशों का प्रयोग करने लगते हैं। अब शरीर कैसे साथ दे! नाइट शिफ्ट, लेट नाइट्स आदि नींद की बीमारियाँ, तनाव, डिप्रेशन, नशाखोरी तथा सेक्स सम्बन्धित बीमारियों को जन्म देती हैं। व्यायाम की कमी, धूम्रपान, वसा तथा ऊर्जा से सराबोर खानपान हार्ट अटैक, स्ट्रोक, उच्च रक्तचाप, मधुमेह पैदा करती हैं।

स्थूलता के दो प्रकार होते हैं :

1. एबडोमिनल स्थूलता या उदर स्थूलता : वसा की परतों का कमर तथा पेट के ऊपर जमा होने की स्थिति को उदर स्थूलता कहते हैं। ये शरीर को सेब का

आकार प्रदान करती है। परिणाम की दृष्टि से एक ख़राब तरह का मोटापा है जिसमें मधुमेह होने की सम्भावना बहुत बढ़ जाती है।

2. सामान्य स्थूलता : कूल्हों, जाँघों, कन्धों में वसा की परतों का जमा होना।

श्रेणी या ग्रेडेशन : बीएमआई के आधार पर इन्हें निम्नलिखित श्रेणियों में रखा गया है :

25-29.9	ओवरवेट
30-34.9	श्रेणी–1 स्थूलता
35-39.9	श्रेणी–2 स्थूलता
40 या उससे अधिक	श्रेणी-3 स्थूलता

स्थूलता मापन :

1. कमर की चौड़ाई का माप तथा हाइट-वेट चार्ट प्रायः सभी जगह उपलब्ध होता है।

2. कमर तथा कूल्हों की चौड़ाई का अनुपात–> 1 मर्दों में तथा > 0.9 औरतों में स्थूलता दरशाती है।

3. ट्राइसेप स्किनफोल्ड मोटाई–> 20 सीएम. मर्दों में, > 28 सीएम. से अधिक औरतों में मोटापा मापने का सहज तरीक़ा है।

4. आइडियल वेट मापन–लम्बाई सीएम. में–100 = आइडियल वेट किलो में।

5. बीएमआई

स्थूलता से होने वाली बीमारियाँ :

1. मधुमेह	2. उच्च रक्तचाप
3. लकवा	4. हृदय की बीमारियाँ
5. पित्त की थैली की पथरी	6. कुछ प्रकार के कैंसर
7. साँस फूलने की बीमारी	8. हॉर्निया
9. वैरिकोज वेन	10. स्लीप एपनिया

11. मासिक धर्म तथा गर्भ सम्बन्धित परेशानियाँ

12. अस्थि-सन्धियों (जोड़ों) से सम्बन्धित तकलीफ़ें

13. मेटाबोलिक सिंड्रोम आदि

यह प्रमाणित हो चुका है कि अगर 10 किग्रा. वज़न कम कर लिया जाये तो मृत्युदर में 20 प्रतिशत की कमी, रक्तचाप में 10-20 मिमी. की कमी, मधुमेह

होने के प्रतिशत में 50 प्रतिशत की कमी तथा लकवा/पक्षाघात के प्रतिशत में 35-40% तक की कमी आती है।

उपचार : खानपान का परहेज—वज़न कम करने वाली आहार तालिका (1000-1200 किलो कैलोरी/दिन) का पालन बहुत आवश्यक है। इससे शुरू में कमज़ोरी, भूख लगना, थकान आदि पैदा होती है, पर कुछ समय के बाद व्यक्ति इसका आदी हो जाता है। इस तालिका की मदद से एक महीने में तीन से चार किग्रा. वज़न कम किया जा सकता है। यह तालिका प्रत्येक अस्पताल में उपलब्ध होती है। इसके अन्तर्गत तेल, घी के बने व्यंजन, मिठाई, जंक फूड, कोल्ड ड्रिंक्स, पूरी, पराँठे, मक्खन, मलाई आदि से परहेज करना पड़ता है। कम, परन्तु सन्तुलित भोजन लेना पड़ता है। बीच में भूख लगने पर सलाद तथा अंकुरित अनाज व कच्चे फल का सेवन भी ज़रूरी है।

व्यायाम : भोजन के परहेज जितना ही आवश्यक होता है व्यायाम। नित्य 40 मिनट व्यायाम को दिनचर्या में जोड़ने से क़रीब अतिरिक्त दो किलो वज़न कम किया जा सकता है, पर यह ज़रूरी है कि यह किसी प्रशिक्षक या डॉक्टर की देखरेख में हो, ताकि मरीज़ अपने आप को कोई क्षति न पहुँचा ले।

औषधियाँ : यह वज़न कम करने का सबसे ख़राब तरीक़ा है, पर भीषण स्थूलता के लिए इसकी ज़रूरत पड़ सकती है। किन्तु इनका सेवन बिना डॉक्टर की सलाह के नहीं करना चाहिए। वज़न कम करने वाली औषधियों में सिब्युट्रामिन, आर्लीस्टैट, मेटफार्मिन आदि आते हैं। सिब्युट्रामिन भूख कम करता है तो आर्लीस्टैट वसा का अवशोषण कम करता है। मेटफार्मिन भूख कम करता है तथा ऊर्जा का विखंडन तेज़ करता है।

सिब्युट्रामिन नींद कम करता है तथा उत्तेजना बढ़ाता है। हृदय की गति भी इसके प्रयोग से बढ़ती है। अन्य बहुत सारी औषधियों के साथ इसकी अन्तःक्रिया होती है, इसलिए प्रयोग में बहुत सावधानी की ज़रूरत है। आर्लीस्टैट वसा का एबजौर्प्सन कम करता है, इसलिए यह उन्हीं में काम करता है जो वसा का प्रयोग भोजन में अधिक कर रहे हों। जो वसा नहीं खाते, उनमें आर्लीस्टैट लाभदायक नहीं होता। मेटफार्मिन हानिरहित होता है, पर कुछ में रक्तशर्करा कम हो जाने की सम्भावना रहती है।

शल्य चिकित्सा : छोटी आँत का बाईपास, बौरियाटिक सर्जरी तथा पेट (स्टोमॅक) को काटकर छोटा करना, लाइपोसक्शन कुछ शल्य क्रियाएँ हैं जो असाधारण स्थूलता के लिए की जाती हैं, ख़ासकर उन लोगों में जिनमें अन्य

उपाय विफल हो चुके हों। ये सभी शल्य क्रियाएँ इस धारणा पर आधारित हैं कि आँत के माध्यम से ऊर्जा को शरीर में पहुँचने से रोकना है, पर शुरू के महीनों को छोड़कर इनका फल वैसा नहीं होता जैसा कि हम चाहते हैं। भीषण स्थूलता के लिए सबसे ज़रूरी यह प्रेरणा है कि शरीर के लिए सभी आवश्यक उपायों को दिनचर्या के अन्तर्गत नियमबद्ध करके लगातार करते रहें। शुरू के महीनों में अच्छा फल नहीं दीखने से मरीज़ हतोत्साहित हो जाते हैं और सभी परहेज छोड़ देते हैं। इन्हीं स्थितियों में औषधियों का या शल्य चिकित्सा का उपयोग किया जाता है।

पर ध्यान रहे कि भोजन के परहेज तथा व्यायाम का कोई विकल्प नहीं और भीषण स्थूलता में भी ये दोनों मुख्य हथियार हैं इनसे लड़ने के लिए। औषधि तथा शल्य चिकित्सा तो बस एक उपाय है इस क्रिया को त्वरित तथा फलदायक बनाने के लिए।

पेशाब का संक्रमण (यूरिनरी ट्रैक्ट इंफेक्शन)

गुर्दों से मूत्रद्वार के मार्ग को यूरिनरी ट्रैक्ट मानते हैं। इस मार्ग के संक्रमण को यूटीआई या यूरिनरी ट्रैक्ट इंफेक्शन कहते हैं। यह गुर्दों की सबसे आम और प्रमुख बीमारी है। वैसे तो यह अन्य किसी संक्रमण जैसी ही है, परन्तु इसका अनुकूल इलाज नहीं किये जाने पर यह गुर्दों को क्षतिग्रस्त कर सकता है।

दो स्थितियाँ ऐसी होती हैं जब यूटीआई का उन्मूलन निहायत आवश्यक है। ये हैं गुर्दा प्रत्यारोपण तथा गर्भावस्था, जहाँ साधारण संक्रमण को भी आपातकालीन नज़रिये से परखा जाता है। इसके अतिरिक्त कुछ और स्थितियाँ हैं जहाँ यूटीआई की सम्भावनाएँ सामान्य से अधिक होती हैं और संक्रमण भी ज़्यादा गम्भीर होता है, ये हैं मधुमेह, पेशाब के रास्ते में रुकावट की बीमारी, इम्युनो सप्रेशन आदि। औरतों में तथा गुर्दों की पैदाइशी दिक़्क़तों में यूटीआई बहुत आम है। यूटीआई का एक और प्रमुख कारण है यौन सम्बन्धी अनियमितताएँ। मासिक धर्म के समय गंदे कपड़ों का प्रयोग बहुत सामान्य बात है। उसी तरह, बच्चों की पैदाइश के समय उपयोग में लाए अस्वास्थ्यकर यन्त्र तथा कपड़े गम्भीर यूटीआई का कारण बनते हैं।

रोग के सामान्य लक्षण : बुख़ार, सिहरन, पेशाब में जलन, बार-बार पेशाब जाने की इच्छा, पेशाब में ख़ून आना, भूख नहीं लगना, सुस्ती, कमज़ोरी आदि रोग के सामान्य लक्षण हैं।

सम्भावित मरीज़ों में कुछ आवश्यक निम्नलिखित जाँचों की आवश्यकता होती है जिनसे संक्रमण, इसकी भीषणता तथा वर्तमान जटिलताओं का पता लगाया जा सके :

पेशाब की सामान्य जाँच

पेशाब का कल्चर

ख़ून की सामान्य जाँचें

रक्त शर्करा

एक्स-रे केयूबी

अल्ट्रासाउंड

आईवीपी आदि।

पेशाब में अत्यधिक 'पस सेल्स' की मात्रा और कल्चर में जीवाणुओं की उपस्थिति रोग को साबित करने के लिए पर्याप्त है। जब यूटीआई बार-बार हो रहा हो या पूर्ण रूप से ठीक नहीं हो रहा हो तो पेशाब के रास्ते में रुकावट, डाइबिटीज या इम्युनोसप्रेशन जैसी समस्याओं को नज़रअन्दाज़ नहीं करना चाहिए और एक्स-रे, अल्ट्रासाउंड आदि का प्रयोग करना चाहिए।

कल्चर के आधार पर जिस दवा से बैक्टीरिया सबसे ज़्यादा सेंसिटिव हो, उसका प्रयोग 5 से 7 दिन तक करना चाहिए। ठीक हो जाने पर कल्चर पुनः करवाकर देखा जाता है कि जीवाणु पूर्णतः नष्ट हुए या नहीं। पुनःसंक्रमण की स्थिति में इलाज के पश्चात जाँचों की आवश्यकता होती है। पेशाब के रास्ते में रुकावट की स्थिति में शल्य चिकित्सा द्वारा रुकावट समाप्त करने की कोशिश की जाती है। औरतों को विशेष परिस्थितियों के लिए कुछ निर्देश दिये जाने चाहिए ताकि इस बीमारी से बचा जा सके।

गर्भावस्था, मधुमेह प्रत्यारोपण तथा अवरोधात्मक बीमारियों की उपस्थिति में अगर यूटीआई हो तो इसका उपयुक्त इलाज तुरन्त ज़रूरी है, नहीं तो भीषण जटिलताओं वाली स्थिति उत्पन्न हो सकती है। गर्भावस्था में माता को जहाँ उच्च रक्तचाप, एक्लेम्पसिया तथा बेहोशी हो सकती है तो शिशुओं में विकासहीनता, वज़न की कमी, जन्मजात बीमारियाँ अथवा गर्भ के दौरान मृत्यु तक हो सकती है।

उच्च रक्तचाप

धमनियों में प्रवाहित रक्त द्वारा उनकी दीवारों पर प्रेषित दबाव को रक्तचाप कहते हैं। रक्तचाप जब 140/90 मिमी. की सीमा पार कर जाये तो इसे उच्च रक्तचाप कहते हैं। स्वास्थ्यपूर्ण जीवन के लिए आवश्यक है कि रक्तचाप को इसी सीमा के अन्दर रखा जाये। बहुत सारे अध्ययनों ने साबित किया है कि उच्च रक्तचाप की मौजूदगी में लकवा तथा हृदयरोग की सम्भावनाएँ बढ़ती हैं और उसके क्रमशः 57 तथा 24 प्रतिशत के आँकड़े जब हों तो चौकन्ना तथा सतर्क होने की बिल्कुल आवश्यकता है। यह बिल्कुल तय हो चुका है कि रक्तचाप अगर 10 मिमी. कम किया जाये तो यह लकवा तथा हृदयरोग के प्रतिशत में 30 प्रतिशत की कमी लाता है। अतः यह प्रत्येक व्यक्ति के लिए अनिवार्य है कि रक्तचाप को नियन्त्रित रखें।

भारत में भी और जगहों की तरह उच्च रक्तचाप के मरीज़ों की संख्या बढ़ी है। गाँवों की अपेक्षा शहरों में यह 12 प्रतिशत के स्थान पर 25 प्रतिशत है। आधुनिकीकरण, पाश्चात्य जीवन-शैली, जंक फूड, कोला, शराब, धूम्रपान, तनावपूर्ण जीवन, स्थूलता और शारीरिक निष्क्रियता इसके प्रमुख कारण हैं।

रक्तचाप प्राथमिक अथवा द्वितीयक होता है। प्राइमरी या प्राथमिक रक्तचाप 85 प्रतिशत मरीज़ों में होता है और इसका कारण पता नहीं होता। आनुवांशिकता, मधुमेह, स्थूलता, शारीरिक निष्क्रियता आदि इसके सम्भावित कारण माने जाते हैं। सेकेंड्री अथवा परिणामसन्नद्ध रक्तचाप किसी अन्य रोग या परिणाम के फलस्वरूप होता है और अगर उसका इलाज हम कर दें तो उच्च रक्तचाप से छुटकारा मिल जाता है।

प्राइमरी की अपेक्षा सेकेंड्री उच्च रक्तचाप कम आयु के मरीज़ों में देखा जाता है और इसकी तीव्रता कई गुना ज़्यादा होती है। अगर इसका तुरन्त इलाज नहीं किया गया तो ख़ून की नली से हृदय व गुर्दों की निष्क्रियता उत्पन्न होने से मृत्यु

तक हो सकती है। सेकेंड्री उच्च रक्तचाप का सबसे प्रमुख कारण गुर्दों की बीमारियाँ होती है जो वैस्कुलर या पैरेनकाइमल हो सकती है। गुर्दों की वैस्कुलर बीमारियों के लिए कुछ आधुनिक जाँचों की आवश्यकता होती है जो सभी अस्पतालों में उपलब्ध नहीं होती। इस तरह के रक्तचाप का सफलतापूर्वक उन्मूलन हो सकता है। बहुत छोटी शल्य चिकित्सा या एंजियोप्लास्टी एक बहुत ही उग्र ढंग के उच्च रक्तचाप को चंद मिनटों में जड़ से साफ़ कर देता है।

सेकेंड्री उच्च रक्तचाप के क्रम में फियोक्रोमो साइटोमा, कॉन सिंड्रोम, कोआर्क्टेशन ऑफ एओर्टा तथा कुछ एंडोक्राइन ट्यूमर्स आते हैं जिनकी जाँचों की सुविधाएँ सारे बड़े अस्पतालों में उपलब्ध होती हैं।

सिस्टोलिक व डायास्टोलिक उच्च रक्तचाप : अक्सर देखा जाता है कि दोनों, सिस्टोलिक तथा डायास्टोलिक, रक्तचाप बढ़े होते हैं, पर कभी ख़ासकर वृद्ध व्यक्तियों में जिनकी धमनियाँ सख़्त तथा लोचरहित संकुचनरहित होती है, केवल सिस्टोलिक (ऊपर वाला रक्तचाप) रक्तचाप बढ़ता है। यह लक्षण 12 प्रतिशत उच्च रक्तचाप के मरीज़ों में देखा जाता है। पहले यह धारणा थी कि सिस्टोलिक रक्तचाप ख़तरनाक नहीं होता, परन्तु विगत कुछ अध्ययनों ने स्पष्ट कर दिया है कि यह धारणा ग़लत थी। इसका भी समुचित निदान नितान्त आवश्यक है। वृद्धों के अतिरिक्त सिस्टोलिक उच्च रक्तचाप एनीमिया, बेरी-बेरी, एओरटिक रिगर्जिटेशन आदि में मिलता है।

उच्च रक्तचाप की ग्रेडिंग

हाइपरटेंसिव अर्जेंसी : अचानक से रक्तचाप में बढ़ोतरी और रक्तचाप 180/120 से ऊपर हो तो कुछ आवश्यक तन्त्रों को क्षति पहुँचने की आशंका रहती है। ऐसी स्थिति को कुछ घंटों के अन्दर क़ाबू करने की आवश्यकता होती है।

सभी प्राथमिक उच्च रक्तचाप के मरीज़ों के पेशाब की सामान्य जाँच, हेमैटोक्रित रक्त शर्करा, रक्त वसा, रक्त यूरिया/क्रियेटेनिन, रक्त सोडियम, पोटासियम, कैल्शियम, यूरिक एसिड, एक्स-रे छाती का, ईसीजी तथा अल्ट्रासाउंड कराना चाहिए। अगर द्वितीयक उच्च रक्तचाप की आशंका हो तो उक्त आशंकाओं के आधार पर प्रस्तुत जाँचें कराते हैं।

हाइपरटेंसिव इमर्जेंसीज : 210/130 का रक्तचाप तथा आँखों में धुँधलापन, हृदय, गुर्दों की कार्यकारी क्षमता में बाधा तथा ब्रेन की तात्कालिक क्षति हो तो इसे हाइपरटेंसिव इमरजेंसी कहते हैं। इसे तुरन्त मिनटों में ठीक करने की आवश्यकता होती है।

सामान्य—<120/<80

प्री हाइपरटेंशन—120-139/80-89

स्टेज—1—रक्तचाप 140-159/90-99

स्टेज—2—रक्तचाप >160/>100

रक्तचाप सम्बन्धित हिदायतें :

1. रक्तचाप मापते समय इसका ध्यान रखना चाहिए कि मरीज़ तनावमुक्त अवस्था में हो—शारीरिक तथा मानसिक दोनों रूपों में।

2. उच्च रक्तचाप मात्र एक माप के आधार पर नहीं करना चाहिए। अगर दो-तीन माप जो कई सप्ताहों के अन्तराल पर लिये गये हों और उच्च रक्तचाप दर्शाते हों तभी मनुष्य को उच्च रक्तचाप का मरीज़ घोषित करना चाहिए।

3. उच्च रक्तचाप और स्युडो हाइपरटेंशन में फ़र्क़ स्पष्ट होना चाहिए। स्युडो हाइपरटेंशन बूढ़े-बुजुर्गों में धमनियों के सख़्त हो जाने से मिलता है और यह उच्च रक्तचाप नहीं होता।

4. एम्बुलेटरी या चलंत रक्तचाप मापन कुछ स्थितियों में आवश्यक होती है, जैसे :

- ❑ वाईट कोट हाइपरटेंशन
- ❑ प्री हाइपरटेंशन
- ❑ तात्कालिक उच्च रक्तचाप
- ❑ रक्तचाप की औषधियों का प्रभाव जानने हेतु

इलाज :

1. जीवन-शैली में सुधार
2. कम नमक वाला भोजन
3. औषधियाँ
4. श्रेणी विशेष के लिए सटीक एंटी हाइपरटेंसिव औषधियाँ
5. एक या अधिक औषधियों का प्रयोग

जीवन-शैली में सुधार : यह उच्च रक्तचाप के सभी श्रेणी के मरीज़ों के लिए आवश्यक होता है। इसके निवारणों के अन्तर्गत आते हैं धूम्रपान बन्द करना, वज़न कम करना, मदिरापान बन्द व कम करना, सुनियोजित भोजन करना जिसमें ऊर्जा, वसा भी बहुत कम मात्रा में हो, साथ ही विटामिन, खनिजों की बहुतायत हो। यह बहुत आवश्यक है कि नियन्त्रित भोजन समुचित अनुपात का हो (बैलेंस्ड)

तथा नीरस, निःस्वाद न हो ताकि मनुष्य को यह भान न हो कि वह मरीज़ है। नमक की मात्रा सामान्य से थोड़ा कम उच्च रक्तचाप के लिए अच्छा होता है।

भोजन जितना ही महत्त्वपूर्ण व्यायाम है। यह ऊर्जा, वसा के खपन में जितना सहायक होता है उतना ही शरीर, मन तथा अस्थियों-सन्धियों को चुस्त और दुरुस्त रखने में भी। बहुत सारे अध्ययनों ने स्पष्ट किया है कि प्री हाइपरटेंशन या ग्रेड—1 हाइपरटेंशन जीवन-शैली के सुधार से ठीक हो जाते हैं और औषधियों की आवश्यकता नहीं पड़ती। स्टेज—1 उच्च रक्तचाप के मरीज़ों को या तो औषधियों की ज़रूरत ही नहीं पड़ती या पड़ती भी है तो बहुत कम।

यह बताना आवश्यक होगा कि जीवन-शैली में सुधार केवल स्टेज—1 तक ही लाभदायक नहीं होता। यह किसी भी अवस्था के मरीज़ों के लिए सहायक होता है और सभी उच्च रक्तचाप के मरीज़ों को अवश्य करना चाहिए। यह भी ध्यान रहे कि ये औषधियों का विकल्प नहीं। ज़रूरी औषधियाँ तो लेनी ही होंगी।

व्यायाम के अन्तर्गत यह बताना आवश्यक है कि सभी व्यायाम सभी के लिए नहीं होते। जिन्हें सन्धियों की बीमारी है, उन्हें दौड़, जॉगिंग आदि नहीं करना चाहिए। उनके लिए तैराकी, साइकिलिंग या कुछ योगाभ्यास अच्छे होते हैं। हृदयरोग के मरीज़ों के लिए ब्रिस्क वाकिंग (तेज़-तेज़ चलना) अच्छा होता है। यह आवश्यक है कि प्रशिक्षक की मदद से उपयुक्त व्यायाम अपने लिए चुनें और नित्य करें। स्थूल देह वाले तथा मधुमेह के मरीज़ों के लिए भी ब्रिस्क वाक बहुत अच्छा होता है।

उच्च रक्तचाप के लिए औषधियाँ : डाईयूरेटिक, बीटा ब्लॉकर, कैल्शियम चैनल ब्लॉकर, एस इन्हिबिटर, एआरबीज, अल्फा ब्लॉकर प्रथम श्रेणी उच्च रक्तचाप की औषधियाँ हैं। इसके अतिरिक्त और भी बहुत सारी एंटी हाइपरटेंसिव दवाएँ हैं जिनका प्रयोग विशिष्ट परिस्थितियों में करना पड़ता है। इलाज किसी भी प्रथम श्रेणी औषधि से शुरू किया जा सकता है। कंट्रोल (रोग नियन्त्रण) के आधार पर भी डोज ऊपर-नीचे किया जाता है। अच्छे कंट्रोल के अभाव में एक से अधिक औषधियों का प्रयोग करना चाहिए जिससे कंट्रोल भी बढ़िया होता है और औषधियों का दुष्प्रभाव भी कम देखने को मिलता है।

यह जानना आवश्यक है कि प्रत्येक औषधि हर मरीज़ के लिए अनुकूल नहीं होता और कुछ दवाएँ कुछ ख़ास परिस्थितियों में ज़्यादा अच्छी तथा ज़्यादा कारगर साबित होती हैं। मधुमेह की उपस्थिति में उच्च रक्तचाप के लिए सबसे अच्छा एस इन्हिबिटर्स या एआरबी माना जाता है। उसी प्रकार, दमे की उपस्थिति में

उच्च रक्तचाप के लिए बीटा ब्लॉकर नहीं देते। सिस्टोलिक हाइपरटेंशन तथा वृद्ध उच्च रक्तचाप के मरीज़ों के लिए डायूरेटिक या एम्लोडिपिन अच्छे होते हैं। उच्च रक्तचाप के साथ अगर हृदयरोग हो तो एस इन्हिबिटर/एआरबी तथा बीटा ब्लॉकर श्रेयस्कर होते हैं। युवा मरीज़ों के लिए बीटा ब्लॉकर तथा डायूरेटिक अच्छे नहीं होते। गुर्दों के मरीज़ों के लिए एस इन्हिबिटर तथा एआरबी हानिकारक होते हैं, परन्तु रेनल आर्टी स्टेनोसिस के लिए यह प्रथम श्रेणी की औषधियाँ मानी जाती है। पेरिफेरल आर्टी डिजीज में बीटा ब्लॉकर उपयुक्त नहीं होता और प्रोस्टेट की बीमारी के साथ अल्फा ब्लॉकर उपयुक्त होता है।

चाहे जो भी विधि या जो भी औषधि चुननी हो, लक्ष्य यही होना चाहिए कि उच्च रक्तचाप पूरी तरह नियन्त्रण में हो। चूँकि इलाज पूरी ज़िन्दगी चलना है, इसकी क़ीमत तथा उपलब्धता दोनों दायरे में होने चाहिए।

सबसे ज़्यादा ज़रूरी है कि इलाज एक कुशल चिकित्सक के मार्गदर्शन में हो ताकि सही मात्रा, दवाइयों के दुष्प्रभाव की रोकथाम आदि सुनिश्चित की जा सके। समय-समय पर जाँच करवाकर चिकित्सक यह तय करता है कि इलाज सही दिशा में है या नहीं।

खान-पान पर नियन्त्रण, व्यायाम, तम्बाकू, धूम्रपान आदि से परहेज उच्च रक्तचाप को नियन्त्रित रखने में सहायक होते हैं। औषधियाँ भी महत्त्वपूर्ण हैं और इनका प्रयोग शरीर को नुक़सान नहीं पहुँचाता। साइड इफेक्ट के मद्‌देनज़र यह कहना आवश्यक है कि उच्च रक्तचाप से सम्बन्धित विषमताओं के मुकाबले ये इतने कम हैं कि इन्हें नज़रअन्दाज़ किया जा सकता है।

थायरॉयड की कमी तथा घेघा

थायरॉयड ग्लैंड टी4 तथा टी3 हॉरमोन का सृजन तथा स्राव करती है जो शरीर की सभी कोशिकाओं तथा अंगों की क्रियाओं के लिए उत्तरदायी होता है। ज़ाहिर है कि इन हॉरमोनों की कमी से शरीर निष्क्रिय, स्थूल, ठण्डा तथा पीला पड़ जाता है। इस स्थिति को हाइपोथायरॉयडिज्म कहते हैं।

थायरॉयड मुख्यतः टी4 तथा बहुत कम मात्रा में टी3 बनाता है, परन्तु कार्यक्षमता की दृष्टि से टी3 प्रमुख तथा सक्रिय होता है। टी4 तथा टी3 एक अन्य हॉरमोन टीएसएच, जो पिट्यूटरी ग्लैंड से निकलता है, के नियन्त्रण में होता है। टी4 तथा टी3 जब एक सीमा से ऊपर पहुँच जाते हैं तो ये टीएसएच को सप्रेस कर देते हैं और टी4 तथा टी3 की मात्रा सन्तुलित रहती है।

जब किसी कारण से टी4, टी3 की मात्रा घट जाती है तो टीएसएच के बढ़ने से थायरॉयड ग्लैंड बड़े हो जाते हैं जिन्हें घेघा कहा जाता है। घेघा होने के और बहुत कारण हैं, पर हाइपोथायरॉयडिज्म सबसे अहम है।

हाइपोथायरॉयडिज्म नब्बे प्रतिशत मरीज़ों में थायरॉयड की आन्तरिक बीमारियों के कारण होती है तथा केवल 10 प्रतिशत मरीज़ों में यह अन्य कारणों के फलस्वरूप होता है।

हाशिमोमोटो डिजीज, थायरॉयड सर्जरी, रेडियोएक्टिव आयोडिन एब्लेशन, पोस्ट पार्टम थायरॉयडाइटिस, औषधियाँ आदि हाइपोथायरॉयडिज्म के प्रमुख कारण हैं।

रोग के प्रमुख लक्षण : ठण्ड के प्रति असहनशीलता, थकान, कब्ज़, निंदिलता, बोझिल स्मृति, मांसपेशियों में दर्द तथा तनाव, आवाज़ में खसखसाहट तथा मासिक धर्म की अनियमितताएँ आदि हैं। और परीक्षण में स्थूलता, ख़ासकर चेहरे और पैरों की, चेहरे का पीलापन, नाड़ी गति का धीमापन, शरीर का ठण्डा रहना, टेंडन रिफ्लेक्स का धीमापन, बधिरता, चमड़ी का सूखा तथा खुरदुरा होना, बालों का शुष्क, बेजान और रूखा होना आदि ऐसे लक्षण हैं जो थायरॉयड की कमी

को स्वतः दर्शाते हैं। परन्तु कुछ जाँचों की आवश्यकता होती है जो बीमारी को सटीक रूप से पकड़ने में सक्षम होते हैं।

1. सीरम टी3, टी4 तथा टीएसएच कराना चाहिए। इनमें टीएसएच सबसे उपयोगी तथा सहायक होता है। अगर टीएसएच 20 से अधिक हो तो रोग है यह पक्का माना जाता है और इलाज शुरू कर देना चाहिए। टी3 तथा टी4 कम हो जाते हैं, परन्तु कुछ बीमारियाँ ऐसी हैं जिनमें थायरॉयड की बीमारी की ग़ैर-मौजूदगी में भी ये घटी होती हैं और इनका ध्यान रखना आवश्यक होता है।

2. थायरॉयड का अल्ट्रासाउंड : जिससे थायरॉयड में सूजन, गाँठ, सिस्ट आदि कारणों का पता लगाते हैं।

3. ख़ून की अन्य जाँच :

—रक्त में वसा की मात्रा : अधिक देखी जाती है ख़ासकर कॉलेस्ट्रोल की मात्रा।

—रक्त में सीपीके की मात्रा : सामान्यतः अधिक पायी जाती है।

—रक्त में सोडियम की मात्रा : कम देखी जाती है।

4. इसीजी : लो वोल्टेज कर्व देखे जा सकते हैं।

5. एफएनएसी : गाँठ, सिस्ट, कैंसर आदि के लिए।

थायरोक्सिन 1.6 माइक्रोग्राम प्रति किग्रा. वज़न के हिसाब से पानी के साथ रोज़ नाश्ते से एक घंटा पहले लेना पर्याप्त होता है। सामान्यतः 75 से 150 mg रोज़ किसी के लिए उपयुक्त है, पर कुछ ख़ास स्थितियों में इसे बढ़ाना या घटाना पड़ सकता है। इलाज जीवनपर्यन्त अनिवार्य है। इलाज शुरू करने के कुछ सप्ताह के बाद दवाई का असर शुरू होता है। क़रीब 8-10 सप्ताह के बाद टीएसएच दोबारा करवाना चाहिए ताकि थायरोक्सिन की मात्रा सन्तुलित की जा सके। टीएसएच को सामान्य के निम्नतम स्तर पर रखने की कोशिश की जाती है और इसके लिए ज़रूरी है कि टीएसएच हर 8-10 हफ़्तों के अन्तराल पर करवाया जाये। वृद्धों में थायरोक्सिन की मात्रा कुछ कम कर दी जाती है। एक बार टीएसएच सामान्य स्तर पर पहुँच जाये तो साल में एक बार करवाना काफ़ी होता है। थायरोक्सिन एक बार में 12-25 मिग्रा. से ज़्यादा नहीं बढ़ाना चाहिए। वृद्धों तथा हृदय के मरीज़ों में 12.5 मिग्रा. से ज़्यादा एक बार में नहीं बढ़ाना चाहिए, वहीं युवाओं में 25 मिग्रा. तक आसानी से बढ़ाया जा सकता है।

गर्भावस्था में थायरोक्सिन की खपत बढ़ जाती है और इसे तुरन्त पूरा किया जाना चाहिए, अन्यथा शिशुओं में थायरॉयड की कमी के लक्षण आ जाते हैं।

अगर इसे तुरन्त ठीक नहीं किया गया तो मानसिक विकास से सम्बन्धित ऐसी त्रुटियाँ पैदा हो जाती हैं जो स्थायी तथा उपचारयोग्य नहीं होतीं। थायरोक्सिन की कमी शिशुओं के मानसिक अविकास का सबसे प्रमुख कारण है।

कुछ स्थितियाँ ऐसी हैं जब थायरोक्सिन की मात्रा बढ़ानी पड़ती है। जैसे–

1. आँतों की पाचन क्षमता/क्रिया की त्रुटि

2. नियन्त्रित रूप से थायरोक्सिन नहीं लेना (भोजन के साथ अथवा भोजन के तुरन्त पहले या बाद नहीं लेना चाहिए)

3. थायरोक्सिन के साथ कुछ दवाइयों का प्रयोग, जो इसे रक्त में पहुँचने से रोकती है–कैल्शियम, आयरन, कॉलेस्टाइरानिन, सुक्राल्फैट आदि।

4. दवाइयाँ, जो थायरोक्सिन का खंडन तीव्र करती है : इस्ट्रोजेन, रिफाम्पिसिन, फेनिटायन, अमायोडारोन।

5. गर्भावस्था–थायरोक्सिन की आवश्यकता गर्भ के प्रथम तिहाई में 50 प्रतिशत ज़्यादा हो जाती है। गर्भ के तुरन्त बाद तथा उसके बाद प्रतिमाह, 6 महीने तक टीएसएच अवश्य करवाना चाहिए तथा सामान्य के निचले स्तर पर रखना चाहिए।

यहाँ ध्यान देना होगा कि बहुत अधिक थायरोक्सिन नहीं देना चाहिए, अन्यथा ऑस्टियोपोरोसिस और फिब्रिलेशन का ख़तरा रहता है।

हाइपोथायरॉयडिज़्म के क्रम में सब-क्लीनिकल हाइपो का भी ज्ञान आवश्यक है ताकि इसकी आवश्यकतानुसार चिकित्सा की जाये।

सेरेब्रल स्ट्रोक या लकवा

स्ट्रोक या लकवा दिमाग़ की रक्त धमनियों में अकस्मात अवरोध से उत्पन्न स्नायु तान्त्रिक क्षति है। इसका लक्षण दिमाग़ के प्रभावित हिस्से के आधार पर निर्भर करता है। यह एक जटिल आकस्मिक स्थिति है जिसका निदान अत्यन्त आवश्यक है। इसके दो प्रमुख प्रकार हैं :

1. इस्केमिक स्ट्रोक
2. हैमोरेजिक स्ट्रोक

इस्केमिक स्ट्रोक हैमोरेजिक स्ट्रोक की तुलना में अधिक मरीज़ों में होता है और इसका परिणाम अपेक्षाकृत सुखद होता है। प्रायः स्ट्रोक के कुछ दिनों के बाद मरीज़ पूर्ववत हो जाता है।

इस्केमिक स्ट्रोक : रक्त धमनियों के अन्दर कॉलेस्ट्रोल की परतों के जमाव से इनका आन्तरिक व्यास इतना कम हो जाता है कि रक्त-बहाव में अवरोध पैदा होने लगता है और अवरोध से दूर दिमाग़ के हिस्से में रक्त की पहुँच प्रायः बन्द हो जाती है। अब अगर इस अवरोध के अन्दर अचानक ख़ून के थक्के बन जायें तो रक्त प्रसार बिल्कुल समाप्त हो जाता है।

इसके अतिरिक्त, हृदय के खानों में उपस्थित वॉल्वों में उत्पन्न त्रुटियों के कारण छोटे-छोटे थक्के बन जाते हैं ओ हृदय से धमनियों द्वारा होता हुआ दिमाग़ में पहुँच जाता है।

ये दोनों इस्केमिक स्ट्रोक के प्रमुख कारण हैं। अन्य कारण बहुत ही कम और अमहत्त्वपूर्ण हैं।

हैमोरेजिक स्ट्रोक : रक्त धमनियों की छोटी-छोटी शाखाएँ जो मस्तिष्क के अन्दर रक्त-प्रसार करती हैं उच्च रक्तचाप की स्थिति में फट जाती हैं और रक्त मस्तिष्क के हिस्सों पर दबाव उत्पन्न करता है जिससे इनकी क्षमता नष्ट हो जाती है। कभी-कभी रक्त शाखाओं में त्रुटि होती है जिससे इसकी दीवारें फैलकर चौड़ी और कमज़ोर हो जाती हैं और सामान्य रक्तचाप पर ही फट जाती हैं।

हैमोरेजिक स्ट्रोक ज़्यादा ख़तरनाक होता है और अगर बड़ा हो तो बचने की सम्भावना कम हो जाती है।

मरीज़ को शरीर के एक हिस्से में पक्षाघात (लकवा) हो जाता है। आवाज़ अस्पष्ट, लड़खड़ाती हुई या ख़त्म हो जाती है। मल-मूत्र पर नियन्त्रण भी ख़त्म हो जाता है। मिर्गी के दौरे आते रहते हैं। देखने में दिक़्क़त होती है तथा विभिन्न अनुभूतियाँ चली जाती हैं। मुँह टेढ़ा हो जाता है तथा उस तरफ़ की आँख ठीक से बन्द नहीं होती। इसके अतिरिक्त मरीज़ की चेतनावस्था में भी काफ़ी कमी आ जाती है। हैमोरेजिक स्ट्रोक में मरीज़ पूर्णतः अचेतना की स्थिति में होता है और तीव्र दर्दनाक परीक्षणों से भी कोई प्रतिक्रिया नहीं दिखाता।

कुछ मरीज़ों में स्पष्ट पक्षाघात के पहले के कुछ सप्ताहों में अनेक छोटे-छोटे समान तरह के अटैक आते रहते हैं जो स्वतः 24 घंटों के अन्दर गायब हो जाते हैं। इस तरह के अटैक इस्केमिक स्ट्रोक की तरफ़ इंगित करते हैं और इनको नज़रअन्दाज़ करना ठीक नहीं होता। तुरन्त इलाज से बड़े अटैक को टाला जा सकता है।

इलाज का मुख्य उद्देश्य बीमारी की उग्रता कम करना है। इसके अतिरिक्त अन्वांगिक चिकित्सा प्रदान की जाती है। इसके अन्तर्गत नली द्वारा भोजन, पेशाब की नली, उच्च रक्तचाप का इलाज, चमड़ी का छिलने, घाव से बचाव आदि किया जाता है।

मस्तिष्क के अन्दर अधिक दबाव न बढ़े इसके लिए मैनिटौल या ग्लिसेरोल देते हैं।

मस्तिष्क का सीटी स्कैन करके पता लगा लिया जाता है कि इसके अन्दर ख़ून तो नहीं जमा हो गया है। अगर ख़ून नहीं नज़र आये तो समझना चाहिए कि इस्केमिक स्ट्रोक है और तुरन्त एस्पिरिन तथा क्लोपिडोग्रेल शुरू कर देना चाहिए।

आजकल इस्केमिक स्ट्रोक के लिए टीपीए देते हैं, पर यह तभी कारगर साबित होती है जब मरीज़ अटैक के तीन घंटों के अन्दर अस्पताल में दाख़िल किया गया हो।

सीटी स्कैन के अलावा एमआरआई, कैरोटिड डॉप्लर और कैरोटिड एंजियोग्राफी भी काफ़ी सहायक साबित होते हैं।

इकोकार्डियोग्राफी से यह पता लगाया जाता है कि हृदय के अन्दर से तो ख़ून के थक्के नहीं जा रहे हैं। इनका तुरन्त इलाज आवश्यक होता है। ख़ून को पतला रखने के लिए एंटीकोएगुलैनट दिये जाते हैं जो हृदय से निकलते थक्कों

को तोड़ देता है। अगर मस्तिष्क के अन्दर रक्तस्राव हुआ है तो शल्य चिकित्सा कर ब्लॉक को हटाया जाता है। मरीज़ को हाइपरवेंटिलेशन जारी कर ब्रेन के अन्दर का दबाव कम किया जा सकता है। कुछ हैमरेज में उक्त धमनियों को जहाँ से रिसाव हो रहा है, बाँधकर क्लिप लगाते हैं जिससे और ख़ून नहीं निकले।

इसके अतिरिक्त मधुमेह, उच्च रक्तचाप संक्रमण आदि को क़ाबू में करने की कोशिश की जाती है। यह एक गम्भीर स्थिति होती है, लेकिन समुचित प्रयासों से मरीज़ को बचाया जा सकता है।

इस्केमिक स्ट्रोक वाले मरीज़ों को एस्पिरिन, क्लोपिडोग्रेल रक्त वसा को कम करने वाली औषधि उच्च रक्तचाप की औषधि देकर छुट्टी देते हैं।

सबसे ज़्यादा ज़रूरी होता है लकवे से ग्रसित अंगों की वर्जिश। फिजियोथेरापी से लकवे वाले अंगों में धीरे-धीरे शक्ति लौटने लगती है और वे पुनः सक्षम हो जाते हैं। व्यायाम के अभाव में ठीक हो जाने पर भी मरीज़ पूर्ववत नहीं हो पाता और उसको जीवनपर्यन्त सहारे की ज़रूरत पड़ती है।

सूजन या शरीर का फूलना

ऊतकों व कोशिकाओं के बीच अत्यधिक जल-जमाव के कारण सूजन होता है। यह मुख्यतः हृदय, फेफड़ों, गुर्दों तथा यकृत की बीमारियों के कारण होता है। महीन धमनियों (कैपिलरीज) में प्रवाहित रक्त द्वारा उत्पन्न दबाव (हाइड्रोस्टैटिक प्रेशर) तथा रक्त में उपस्थित एलब्युमिन के कारण दबाव (ऑनकोटिक प्रेशर) के बीच का अन्तर यह तय करता है कि कितना जल-जमाव होगा। यह अन्तर जितना ज़्यादा होगा, उतना ही ज़्यादा शरीर में सूजन होता है।

एलब्युमिन यकृत में सृजित होता है और उसकी सामान्य मात्रा यह दर्शाती है कि यकृत स्वस्थ तथा कार्यरत है। कैपिलरीज में प्रवाहित रक्त दबाव किसी अवरोध के कारण बहुत बढ़ जाता है। अवरोध के मुख्य कारण हृदय तथा फेफड़ों की बीमारियाँ होती हैं। इसके अतिरिक्त गुर्दों की कुछ बीमारियों में एलब्युमिन का पेशाब से निकलना बहुत बढ़ जाता है। तो कुल मिलाकर ऑनकोटिक प्रेशर तथा हाइड्रोस्टैटिक प्रेशर के बीच एक सामंजस्य होता है जिससे शरीर में जल की मात्रा नियन्त्रित रहती है। जब यह सामंजस्य टूट जाता है तो सूजन की स्थिति उत्पन्न होती है। रक्त में एलब्युमिन की सही मात्रा यकृत तथा गुर्दे तय करते हैं तथा हाइड्रोस्टैटिक प्रेशर हृदय तथा फेफड़ों द्वारा तय होता है।

सूजन विस्तृत अथवा केन्द्रित होता है। केन्द्रित सूजन किसी एलर्जी, कैपिलरी अवरोध या संक्रमण से होता है।

विस्तृत सूजन पिटिंग या पिटिंग रहित हो सकता है। थायरॉयड की कमी तथा लिम्फैटिक रिसाव के कारण उत्पन्न सूजन पिटिंग रहित होता है। अर्थात उँगली से सूजन को दबाने से गड्ढा उत्पन्न नहीं होता। इनको छोड़कर बाक़ी सभी सूजन पिटिंग होते हैं।

सूजन के कारण :

1. हृदय निष्क्रियता

2. फेफड़ों की अवरोधात्मक बीमारियाँ, जो सामान्यतः धूम्रपान करने वालों में देखा जाता है।

3. यकृत की ख़राबी (सिरोसिस लिवर)

4. नेफ्रोटिक सिंड्रोम

5. प्रोटीन कुपोषणता

सूजन की उपस्थिति में यह आवश्यक हो जाता है कि पता किया जाये कि किस वजह से सूजन है। इसके लिए कुछ जाँचें करानी पड़ती हैं। इसके अतिरिक्त अन्य लक्षणों पर ध्यान देने से पता चल जाता है कि किस अंग की ख़राबी की वजह से सूजन है।

अगर मरीज़ को साँस फूलने की बीमारी है तो यह हृदय निष्क्रियता दरशाती है। वहीं अगर वह धूम्रपान का लगातार सेवन करता आ रहा है तथा उसे खाँसी, साँस फूलने की बीमारी है तो यह फेफड़ों की अवरोधात्मक बीमारी की ओर इंगित करता है।

अगर मरीज़ को पीलिया है तथा वह शराब पीता आ रहा है या उसे बार-बार ख़ून की उलटी आती है तो यह लिवर फेलिअर दर्शाता है।

उसी तरह, सूजन के साथ भूख नहीं लगना, उलटी होना, जोड़ों में दर्द आदि हो तो गुर्दों की ख़राबी हो सकती है।

जाँचों की सूची में : पेशाब की सामान्य जाँचें, 24 घंटों के पेशाब में प्रोटीन की मात्रा, रक्त में क्रिएटिनिन तथा यूरिया की मात्रा, रक्त में बिलिरुबिन, एसजीओटी, एसजीपीटी की मात्रा पता की जाती है। अल्ट्रासाउंड से लिवर, किडनी, पोर्टलवेन, स्प्लीन आदि की स्थिति तय की जाती है। छाती का एक्स-रे, ईसीजी, ईको, कोएगुलेशन प्रोफाइल, किडनी बायोप्सी करके पता लगा लिया जा सकता है कि किस वजह से सूजन उत्पन्न हुआ है।

इलाज का उद्देश्य सूजन कम करना, वजह जानकर उसका उपचार शुरू करना तथा उत्पन्न जटिलताओं को दूर करना होता है।

नमक तथा जल की मात्रा नियन्त्रित करना किसी भी सूजन की स्थिति के लिए उपयुक्त होता है। इसमें डायूरेटिक शुरू करते हैं। इनके कारगर साबित नहीं होने पर एसपाइरोनोलैकटोन, मेटोलाजोन, हाइड्रोक्लोराथायाजाइड, कलोरथैलिडोन जोड़ सकते हैं। एसपाइरोनोलैकटोन विशेष लाभदायक सिद्ध होता है क्योंकि सूजन की स्थितियों में एल्डोस्टेरोन की मात्रा रक्त में अधिक बन जाती है और इनका प्रतिकारी तत्त्व एसपाइरोनोलैकटोन इसे निष्क्रिय बनाने में सक्षम होता है।

एस इनहिबिटर तथा एआरबी गुर्दे तथा हृदयरोगों की उपस्थिति में विशेष लाभदायक सिद्ध होता है। फेफड़ों की अवरोधात्मक बीमारियों के लिए धूम्रपान निषेध, ब्रोंकोडाइलेटर, ऑक्सीजन, स्टेरॉयड आदि अच्छे होते हैं।

लिवर फेलिअर के लिए स्क्लोरोथेरापी, शराब से परहेज, एलडेकटोन, बीटा ब्लॉकर आदि देते हैं। पूर्णतया ख़राब लिवर के लिए प्रत्यारोपण एकमात्र उपाय है और यह इन दिनों सम्भव हो गया है।

गुर्दों की ख़राबी से उत्पन्न सूजन के लिए डायूरेटिक, एस इनहिबिटर, एआरबी आदि देते हैं। नसों के द्वारा एलब्युमिन चढ़ाने से सूजन जल्द उतर जाता है। बायोप्सी के आधार पर सही इलाज शुरू किया जाता है। छह से आठ महीनों के इलाज से गुर्दे के अनेक मरीज़ ठीक हो जाते हैं।

यह आवश्यक है कि सूजन करने वाले रोगों को होने से बचायें। इसके अन्तर्गत धूम्रपान निषेध, मद्यपान निषेध, हृदय की बीमारियों का समय से इलाज, मधुमेह तथा उच्च रक्तचाप का उपयुक्त इलाज बहुत ज़रूरी होता है। अगर इन पर सही नियन्त्रण है तो इनसे प्रभावित चार प्रमुख अंग जो सूजन का कारण बनते हैं, नहीं ख़राब होंगे और मनुष्य स्वस्थ तथा सही हालात में रहेगा।

खण्ड ग : प्रसारजन्य बीमारियाँ

छोटी माता या चिकेन पॉक्स

चिकेन पॉक्स या छोटी माता वैरिसेला ज़ोस्टर वायरस से होने वाली संक्रामक बीमारी है जो अक्सर बाल्यावस्था में होता है। यह वायरस बीमारी के ठीक हो जाने के बाद भी शरीर में सुषुप्तावस्था में जीवित रहता है तथा उपयुक्त परिस्थितियों में पुनः जाग्रत होकर दोबारा संक्रमण पैदा कर सकता है। कुपोषण, प्रसूतावस्था तथा रोग प्रतिरोधक क्षमता का अभाव वायरस के लिए अनुकूल स्थिति पैदा करते हैं और यह तेज़ी से अपनी संख्या बढ़ाकर शरीर को क्षतिग्रस्त करता है।

इस वायरस का शरीर में आगमन मूलतः साँस के द्वारा या फिर पीड़ित मरीज़ के सम्पर्क में आने से होता है। यह बहुत ही तीव्र गति से फैलने वाला संक्रमण है तथा इसके परिणाम संवेदी वर्ग में भयानक हो सकते हैं। बच्चों में यह कोई जटिलता पैदा नहीं करता तथा मरीज़ पूर्णतः स्वस्थ हो जाते हैं, पर वयस्कों में रोग के गम्भीर लक्षण देखे जाते हैं।

संक्रमण से लक्षण आने की अवधि ग्यारह से बीस दिनों की होती है। तेज़ बुख़ार के साथ खाँसी, सिरदर्द, बदन दर्द तथा शरीर के ऊपर लाल-लाल, छोटे-छोटे मसूर के दाने के बराबर उभार प्रकट हो जाते हैं जो कुछ घंटों में छोटे-छोटे फफोले का रूप धारण कर लेते हैं। ये उभार तथा फफोले मुँह के अन्दरूनी परत के ऊपर भी निकल आते हैं जिससे कुछ खाने, चबाने तथा निगलने में बहुत पीड़ा होती है। इन उभार तथा फफोलों की एक और ख़ास बात यह होती है कि यह मुख्यतः छाती तथा धड़ों पर केन्द्रित होता है और हाथों तथा पैरों पर कम घना होता है। यह बड़ी माता या स्मॉल पॉक्स के विपरीत है जिसमें चेहरा, हाथ तथा पैर ज़्यादा प्रभावित होते हैं। ख़सरे से भी इसे अलग करना आसान है क्योंकि ख़सरे में उभार तथा फफोले नहीं देखे जाते बल्कि लाल-लाल दाने होते हैं तथा ख़सरा बुख़ार के 4-5 दिन के बाद निकलता है। उभार तथा फफोलों की एक विशेषता और होती है कि ये रोग की अवधि के दौरान निरन्तर समूह में उत्पन्न

होते रहते हैं जिससे फफोलों की विभिन्न अवस्थाएँ देखी जा सकती हैं—कुछ नये तो कुछ मुरझाये तथा कुछ सूखे। प्रत्येक नये समूह के उत्पन्न होने के साथ बुख़ार चढ़ता है और फिर धीरे-धीरे उतरता है।

उभारों तथा फफोलों में बहुत तेज़ खारिश होती है जिससे मरीज़ इसे बार-बार खुजलाने या नोचने की कोशिश करता है। इससे इसमें तुरन्त बैक्टीरिया का संक्रमण हो जाता है तथा फफोलों के अन्दर मवाद बन जाता है। यह भी बार-बार बुख़ार के चढ़ने का कारण बन जाता है।

इसके अतिरिक्त और भी जटिलताएँ होती हैं छोटी माता की। इनमें प्रमुख हैं यकृत, फेफड़ों तथा मस्तिष्क में सूजन तथा उत्तेजना।

रोग की पहचान : रोग के लक्षण रोग की पहचान के लिए पर्याप्त होते हैं, पर जहाँ संशय हो, फफोलों से पानी निकालकर इसमें एंटीजन की जाँच या पी. सी.आर. करके पहचान निश्चित कर सकते हैं।

उपचार : बच्चों में लक्षणों के आधार पर औषधियाँ दी जाती हैं। वायरस को मारने वाली दवाओं का प्रयोग तभी करते हैं जब गहन तथा विषम संक्रमण की सम्भावना हो और मरीज़ फफोलों के 24-48 घंटों के भीतर आया हो। एसाइक्लोविर 800 मिग्रा. पाँच दफा रोज़ पाँच दिनों तक वयस्कों के लिए पर्याप्त माना जाता है। संवेदी वर्गों में फफोलों के उपरान्त की अवधि को अमहत्त्वपूर्ण मानते हुए एसाइक्लोविर का प्रयोग किया जाना चाहिए और प्रत्येक इस तरह के व्यक्ति को यह गोली देना चाहिए। एसाइक्लोविर की तरह वेलासाइक्लोविर भी बहुत असरदायक है और इसे 1 ग्राम रोज़ दो बार ही देने की आवश्यकता होती है। संवेदी वर्ग के मरीज़ों में इन औषधियों का प्रयोग और लम्बे अरसे तक कर सकते हैं।

बचाव—वैरिसेला इम्युनोग्लोवुलीन उन व्यक्तियों के बचाव के लिए बहुत कारगर है जिनमें इसके होने की सम्भावना अधिक हो और वे चिकेन पॉक्स के मरीज़ के संसर्ग में आ गये हों। संसर्ग में आने के सात दिन के भीतर इसे अवश्य दे देना चाहिए। इसके अतिरिक्त इन व्यक्तियों को एसाइक्लोविर का कोर्स भी अवश्य दिया जाना चाहिए।

चिकेन पॉक्स के बचाव के लिए एक वैक्सीन मौजूद है जो हर बच्चे को एक साल की उम्र पर एक बार तथा दोबारा 4-6 वर्ष पर दिया जाना चाहिए। प्रत्यारोपण के लिए अग्रसर मरीज़ों को भी यह वैक्सीन अवश्य प्रत्यारोपण के पहले दिया जाना चाहिए। यह एक जीवित वैक्सीन है इसलिए प्रत्यारोपण के

बाद देना ठीक नहीं है। जिन व्यक्तियों को वैरिसेला इम्युनोग्लोवुलीन देने के बाद भी चिकेन पॉक्स हो गया हो उनको एसाइक्लोविर अवश्य दिया जाना चाहिए।

चिकेन पॉक्स वायरस जब शरीर को दुबारा ग्रसित करता है तो यह ख़ासकर स्नायु तन्त्रिकाओं को प्रभावित करता है। उक्त तन्त्रों के क्षेत्र में फफोले निकल आते हैं तथा इनमें बहुत तीव्र पीड़ा होती है। इसके लिए हम तुरन्त एसाइक्लोविर या वेलासाइक्लोविर गोलियों का प्रयोग करते हैं। देर से इस दवाई के देने से कोई फ़ायदा नहीं होता। इन मरीज़ों को स्नायु तन्त्रिकाओं के क्षेत्र में फफोलों के सूख जाने के बाद भी भयानक दर्द रहता है। इसके लिए हम टेग्रेटौल, प्रीगैबेलिन, ट्रिप्टोमर आदि गोलियों का लम्बे समय तक प्रयोग करते हैं।

ख़सरा

बुख़ार के साथ शरीर पर दाने निकल आने की श्रेणी में बहुत सारी बीमारियाँ आती हैं, जैसे डेंगू, चिकनगुनिया, रूबेला, स्कार्लेट फीवर, टाइफाइड, पाराटाइफ़ाइड, पार्वोवायरस बुख़ार आदि। इन्हीं के क्रम में ख़सरा या मीज़ल्स भी आता है। यह बहुत ही आम बीमारी है तथा शायद ही कोई व्यक्ति होगा जो इससे अछूता रह जाता है। कुछ लोगों में यह अविदित संक्रमण करता है जिससे रोग के सारे लक्षण सामने नहीं आते, पर इस तरह का संक्रमण भी उन व्यक्तियों में रोग प्रतिरोधक क्षमता प्रदान कर पाने में सफल होता है। अतः बाल्यावस्था में इसका होना अच्छा ही माना जाता है। जिनमें इसके लिए पहले टीकाकरण किया जा चुका है उनमें संक्रमण निम्नस्तर का होता है और प्रमुख लक्षण देखने को नहीं मिल सकते हैं।

यह एक वायरस से उत्पन्न बुख़ार है जो एक मरीज़ से दूसरे में साँस के माध्यम से फैलता है। इसका प्रसार बहुत तीव्र गति से होता है और देखते-ही-देखते परिवार के तथा पड़ोस के लोगों तक में तुरन्त फैल जाता है।

यह मुख्यतः बाल्यावस्था में देखा जाता है। वयस्कों में, प्रसूतावस्था में तथा जिनकी रोग प्रतिरोधक क्षमता कम हो, में यह उग्र परिणाम पैदा करता है। जन्म के 6-12 महीनों के भीतर इसका संक्रमण साधारणतया नहीं होता क्योंकि माँ से प्राप्त प्रतिरोधक एंटीबॉडी रोग को जन्म नहीं लेने देती। पर इसके बाद इसके बचाव के लिए टीकाकरण आवश्यक होता है।

मनुष्य में संक्रमण के 6-19 दिनों में रोग के लक्षण आने शुरू हो जाते हैं। शुरू के एक से तीन दिन में बुख़ार, खाँसी, नाक से पानी आना, छींक, सिरदर्द, बदन दर्द, आँखों में लाली तथा मुँह के अन्दर कॉप्लिक स्पॉट आदि देखे जाते हैं। इसके बाद शरीर के ऊपर लाल दाने (ख़सरे) दिखने शुरू हो जाते हैं। चेहरे तथा हाथ-पैरों पर यह ज़्यादा घने होते हैं। शरीर की लिम्फ ग्रन्थियाँ, ख़ासकर गर्दन तथा कान के पास के हिस्से फूलकर बड़ी हो जाती हैं। ख़सरे पाँच से छह

दिनों तक मौजूद रहते हैं और इसके बाद धीरे-धीरे सूखकर हट जाते हैं। बच्चों में बिना किसी जटिलता के इस बीमारी का अन्त हो जाता है, पर वयस्कों में बहुत सारी जटिलताएँ देखी जा सकती हैं; जैसे दस्त लगना, न्यूमोनिया, कान के अन्दरूनी हिस्से में मवाद, यकृत में सूजन तथा मस्तिष्क का संक्रमण। मस्तिष्क के सूजन का एक ख़ास प्रतिरूप एस.एस.पी.ई. बीमारी के सात वर्षों के भीतर कभी भी हो सकता है। इसकी सम्भावना बहुत कम होती है, पर इसके परिणाम बहुत भयावह होते हैं।

कुपोषण, विटामिन की कमी तथा रोग प्रतिरोधक क्षमता की कमी अनेक जटिलताएँ पैदा करती हैं।

पहचान : आमतौर पर रोग के लक्षण ऐसे होते हैं कि रोग के पहचान में दुविधा नहीं होती, पर जहाँ संशय हो जाँच कराकर देख लेना चाहिए। इसके लिए रोग के विरुद्ध उत्पन्न हुए आइ.जी.एम. एंटीबॉडी की जाँच करते हैं। इसके अतिरिक्त, अन्य बुख़ार, जिसमें दाने निकलते हैं उनका भी परीक्षण करवाते हैं जिससे कि उनकी सम्भावनाओं को कम या समाप्त किया जा सके।

उपचार : शुरू की अवधि में सामान्य बुख़ार के लिए पारासिटामल, सेट्रीजिन आदि औषधियों का प्रयोग करते हैं। ख़सरा निकल आने पर शरीर पर कैलामाइन द्रव्य का इस्तेमाल करते हैं जिससे खारिश कम हो जाती है। संक्रामक विषमताओं जैसे कि न्यूमोनिया, दस्त आदि में एंटीबायोटिक का प्रयोग अनिवार्य होता है। कुपोषित बच्चों को पौष्टिक आहार तथा विटामिन की गोलियाँ देते हैं।

बचाव : इस बीमारी के लिए एक कारगर वैक्सीन मौजूद है जिसे हर शिशु को अवश्य दिया जाना चाहिए।

चिकनगुनिया

अगर हम डेंगू की बात करें तो चिकनगुनिया की चर्चा भी स्वाभाविक है। दोनों समान लक्षण प्रस्तुत करते हैं तथा दोनों में और भी बहुत समानताएँ हैं। परन्तु कुछ लक्षण ऐसे हैं जो चिकनगुनिया को डेंगू से अलग करते हैं। अतः इसके बारे में जानना आवश्यक है।

चिकनगुनिया एक अल्फा वायरस है जो मूलतः अफ्रीका तथा एशिया में पाया जाता है। भारत में तो इसका ख़ासा प्रकोप है। यह एक मनुष्य से दूसरे में एक मच्छर, एडिस एजिप्टी के द्वारा प्रसारित होता है। एडिस एल्बोपिक्टस भी इसका वेक्टर है। ज्ञात हो कि डेंगू भी इसी मच्छर के काटने से फैलता है। मच्छर के काटने के दो से 12 दिनों के बीच मरीज़ को तेज़ बुख़ार, जोड़ों में दर्द, भूख नहीं लगने की शिकायत, उलटी, सिरदर्द, आँखों के पीछे दर्द आदि होता है। बच्चों तथा युवाओं में शरीर पर लाल ख़सरे की तरह दाने निकल आते हैं जो प्रायः बुख़ार के दूसरे या तीसरे दिन दिखाई पड़ता है। बुख़ार दो से तीन दिनों तक रहता है, पर कुछ मरीज़ों में यह दुबारा भी एक सप्ताह या दस दिनों के बाद देखा जा सकता है। डेंगू का बुख़ार ज़्यादा लम्बा होता है। कुछ मरीज़ों में नाक से ख़ून आने की सम्भावना रहती है, पर डेंगू की तरह रक्त-रिसाव कम देखने को मिलते हैं। प्लेटलेट की कमी हो सकती है, पर डेंगू की तरह नहीं, जहाँ निम्न स्तर पर यह पहुँच जाता है।

बुख़ार के तीन-चार दिन बाद मरीज़ों को काफ़ी खारिश भी होती है और यह भी डेंगू से थोड़ा भिन्न लक्षण है। शरीर में सूजन, विशेषकर चेहरे पर तथा पैरों में, बुख़ार के तीन-चार दिन बाद देखा जाता है। बुख़ार के बाद जोड़ों में दर्द तथा सूजन इसे डेंगू से अलग करते हैं। अधेड़ तथा बुजुर्गों में ख़ासकर यह गठिया की तरह लक्षण प्रस्तुत करता है जिसके अन्तर्गत जोड़ों में सुबह के वक़्त अकड़न, जोड़ों में सूजन तथा जोड़ों में तेज़ दर्द रहता है। ये लक्षण ठीक वैसे

हैं जैसा रुमेटाइड आर्थराइटिस में देखने को मिलते हैं। ये लक्षण उनमें और भी सामान्य हैं जिनमें एच.एल.ए.बी.–27 की उपस्थिति होती है। एच.एल.ए.बी.–27 वाले मरीज़ों में जोड़ों की शिकायत कई महीनों या फिर सालों तक रह सकती है। जोड़ों की शिकायत गठिया जैसी होते हुए भी इनका आर.ए. फैक्टर तथा एंटी सी.सी.पी. निगेटिव होता है।

पहचान–डेंगू की तरह कोई एन.एस.–1 एंटीजन जैसी जाँच उपलब्ध नहीं है जिससे रोग का तुरन्त पता लगाया जा सके। डेंगू जैसे लक्षण मौजूद हों और एन.एस.–1 एंटीजन निगेटिव रहने पर हम आमतौर पर इसे चिकनगुनिया मानते हैं।

चिकनगुनिया एंटीबॉडी जाँच एक हफ़्ते के बाद पोजिटिव होता है जो रोग की पहचान के लिए पर्याप्त है, पर इसे कराने का कोई महत्त्व नहीं, क्योंकि तब तक मरीज़ ठीक हो चुका होता है।

अन्य जाँच जो हम कराते हैं वो इस प्रकार हैं :

1. टी.सी.डी.सी.

2. प्लेटलेट काउंट

3. लिवर फंक्शन टेस्ट : एस.जी.ओ.टी. तथा एस.जी.पी.टी. पाँच गुना तक बढ़े पाये जा सकते हैं। थोड़ा बिलीरुबिन भी बढ़ता है।

4. सीने का एक्स-रे : फेफड़ों की झिल्ली में थोड़ा पानी जमा मिल सकता है।

5. अल्ट्रासाउंड : उदर के अल्ट्रासाउंड में आँत की झिल्लियों में थोड़ा पानी का जमाव मिल सकता है।

6. कोगुलेशन प्रोफाइल : जिन मरीज़ों में ज़्यादा रक्तस्राव हो रहा हो तो इसे कराने की आवश्यकता पड़ सकती है।

7. मलेरिया की जाँच : जहाँ इसकी सम्भावना हो।

निदान : यह एक स्वतः ठीक हो जाने वाली बीमारी है। इलाज का मुख्य उद्देश्य बुख़ार कम करना, जोड़ों के दर्द का निवारण तथा पर्याप्त तरल आपूर्ति है। इसके लिए पारासिटामोल की गोली रोज़ तीन दफा लेने को कहा जाता है तथा ओ.आर.एस. का घोल क़रीब तीन लीटर रोज़ पीने की सलाह दी जाती है। उलटी रोकने के लिए दवाएँ दी जाती हैं। एंटीबायोटिक्स का कोई महत्त्व नहीं होता। खारिश के लिए सेट्रीजिन पर्याप्त है। कैलामाइन लोशन का प्रयोग चमड़ी को राहत पहुँचाता है।

गठिया जैसे लक्षण होने पर हाइड्रोक्सी क्लोरोक्विन या मिथोट्रेक्सेट का प्रयोग भी लाभदायक सिद्ध होता है।

डेंगू के विपरीत यह बार-बार नहीं हो सकता तथा डेंगू जैसा रक्त रिसाव भी इसमें नहीं होता; अतः यह कभी जानलेवा नहीं हो सकता।

कुछ मौतें हो जाती हैं, पर यह मूलतः दूसरे बीमारियों की उपस्थिति के कारण होती हैं। अतः यह आवश्यक है कि इस बीमारी के बारे में जानें तथा व्यर्थ में इसे एक मुद्दा नहीं बनने दें।

चिकनगुनिया तथा डेंगू के लिए एक वैक्सीन तैयार है तथा परीक्षण के अन्तिम चरणों में है। अगर यह उपयुक्त पाया जाता है तो जल्द ही यह इसके रोकथाम में बहुत सहायक होगा।

फ्लू तथा स्वाइन फ्लू

फ्लू अत्यन्त तेज़ी से फैलने वाला वायरल संक्रमण है जो मूलतः श्वास तन्त्र को प्रभावित करता है। आम तौर पर यह स्वतः एक हफ़्ते के भीतर ठीक हो जाता है, परन्तु कुछ लोगों में यह गम्भीर परिणाम भी पैदा करता है, ख़ासकर उन लोगों में जिन्हें पहले से साँस या हृदय की बीमारी हो या जिन्हें मधुमेह हो या फिर उनमें जो उम्र के पहले या आख़िरी पड़ाव पर हों।

यह ज़्यादातर इंफ्लुएंजा वायरस ए के कारण होता है। कुछ मरीज़ इंफ्लुएंजा वायरस बी के कारण भी प्रभावित होते हैं जो वायरस ए की अपेक्षा नरम होता है। जाड़े के मौसम में इसका प्रसार तेज़ी से होता है। यह मूलतः साँस से फैलने वाली बीमारी है, पर मरीज़ों के छूने से तथा उनके द्वारा इस्तेमाल की गयी वस्तुओं से भी यह फैलती है।

वायरस के शरीर का बाहरी हिस्सा ग्लाइकोप्रोटीन 'एच' तथा 'एन' का बना होता है जिसके बहुत प्रकार होते हैं। वायरस 'ए' की प्रजाति एच1एन1 सामान्य फ्लू करता है। फ्लू वायरस में क्षमता है कि यह अपने बाहरी कवच को बार-बार बदल सकता है, इससे इसका चरित्र तथा प्रभाव बदलता रहता है। यही कारण है कि फ्लू हर बार नये रूप में तथा नयी परेशानियाँ लेकर आता है। फ्लू का वैक्सीन या टीका इसी वजह से आमतौर पर कारगर नहीं पाया गया है। बड़े-बड़े फ्लू के पैंडेमिक भी इसी वजह से उत्पन्न हुए हैं।

लक्षण—बुख़ार, खाँसी, छींक, नाक से पानी आना, शरीर में दर्द तथा अकड़न इसके मुख्य लक्षण हैं जो एलर्जिक राइनाइटिस या जुकाम से बहुत समानता रखता है। उग्र रूप के संक्रमण में न्यूमोनिया, हृदय की विषमताएँ (पेरी कार्डाइटिस, मायो कार्डाइटिस), स्नायु तन्त्र पर दुष्प्रभाव देखे जाते हैं (इंसेफ्लाइटिस, ट्रासवर्स माइलाइटिस)।

पहचान—रोग के लक्षण तथा जाँचों से इसकी पहचान करते हैं। वायरल एंटीजेन तथा आर.एन.ए. गम्भीर रूप से बीमार मरीज़ों के लिए होता है। रोग की पहचान

के लिए आम तौर पर ख़ून की सामान्य जाँच तथा एक्स-रे करवाया जाता है।

निदान तथा बचाव : साधारण संक्रमण के लिए पारासिटामल की गोलियाँ तीन दफा रोज़ तथा एंटी हिस्टामिन की गोलियाँ दो बार रोज़ पर्याप्त होते हैं। पर गहन संक्रमण के लिए एंटी वायरल औषधि ओसेल्टामिविर 75 मिग्रा. दो बार रोज़ अथवा ज़ानामिविर इनहेलेशन 10 मिग्रा. दो बार रोज़ 5 दिनों के लिए काफ़ी कारगर सिद्ध होता है। इन दोनों औषधियों के आगमन के बाद, पूर्व में इस्तेमाल हो रहे अमांटाडिन तथा रिमांटाडिन का प्रयोग न के बराबर हो गया है।

परिवार के दूसरे सदस्यों के बचाव के लिए मरीज़ों को मास्क पहनने की हिदायत देते हैं ताकि खाँसने के समय ये कम-से-कम वायरसों को प्रसारित करें। मरीज़ों द्वारा इस्तेमाल की गयी वस्तुओं की सही सफ़ाई तथा कीटाणुनाशकों द्वारा इनका निरस्तीकरण, मास्कों का सही तरीक़े से निपटान तथा पर्याप्त रूप से साबुन अथवा कीटाणुनाशक से हाथों की सफ़ाई कुछ ऐसे बुनियादी नुस्खे हैं जिससे रोग के प्रसारण पर रोक लगाया जा सकता है।

बचाव के लिए एक वैक्सीन उपल्ब्ध है जिसे प्रति वर्ष लेने की आवश्यकता होती है। वैक्सीन अधेड़ उम्र के लोगों को या जिन्हें श्वास अथवा हृदय की बीमारी हो या मधुमेह के मरीज़ों को या जिनकी रोग प्रतिरोधक क्षमता अपर्याप्त हो, को देते हैं।

वैक्सीन के अतिरिक्त ओसेल्टामिविर या ज़ानामिविर औषधियों का प्रयोग बचाव के लिए भी किया जाता है। इनका प्रयोग तभी करते हैं जब किसी मरीज़ में इस बीमारी के होने की सम्भावना बहुत हो तथा उन्हें पहले से ही दूसरी गम्भीर बीमारी ने ग्रसित किया हुआ है।

स्वाइन फ्लू : फ्लू की तरह स्वाइन फ्लू भी श्वसन तन्त्र का संक्रमण है तथा यह इंफ्लुएंजा वायरस 'ए' की पाँच प्रजातियों एच1एन1, एच1एन2, एच2एन3, एच3एन1 तथा एच3एन2 द्वारा होती है। ये पाँचों प्रजातियाँ सूअरों को ग्रसित करती हैं तथा इन्हीं से यह मनुष्यों में भी प्रसारित होता है।

भारत में इसकी बड़ी महामारी 2009-10 में दिखी थी जिसमें क़रीब 1000 लोगों की जान गयी थी।

पहली दफा 1918 में यह साबित किया गया था कि सामान्य फ्लू से मिलता-जुलता एक और फ्लू है जो सूअरों को ग्रसित करता है तथा इसके साथ ही यह मनुष्यों को भी प्रभावित करता है। सूअर एक तरह से इस वायरस का आश्रय बन जाता है, जहाँ से समय-समय पर इस रोग का प्रसारण मनुष्यों में

होता रहता है। सूअरों से यह छूने या उनके संसर्ग में रहने से फैलता है। उनकी खाँसी तथा साँस से भी यह फैलता है। भारत में यह राजस्थान, गुजरात, दिल्ली, महाराष्ट्र तथा तेलंगाना में मुख्यतः देखा गया। एक बार मनुष्य में इस वायरस के आ जाने के बाद इसका प्रसार आम फ्लू की तरह ही होता है।

स्वाइन फ्लू वायरस एक प्रोटीन पी.बी.आई.एफ. 2 उत्पन्न करता है जो इसे सामान्य फ्लू से ज़्यादा ख़तरनाक बनाता है।

इसके लक्षण सामान्य फ्लू की तरह ही होते हैं, लेकिन अन्य बीमारियों की उपस्थिति में या बैक्टीरियल संक्रमण के कारण कभी-कभी गम्भीर परिणाम देखे जा सकते हैं। मधुमेह, एच.आई.वी., लिवर फेलिअर या गुर्दे के फेलिअर में भी गम्भीर परिणाम मिल सकते हैं।

स्वास्थ्य मन्त्रालय द्वारा जारी नीति स्पष्ट करती है कि फ्लू वायरस के मरीज़ों को विभिन्न श्रेणियों में बाँटा गया है तथा प्रत्येक श्रेणी के लिए एक निर्देश है।

श्रेणी 'ए'—मरीज़ जिन्हें हलका बुख़ार, खाँसी, खराश, बदन दर्द, सिर दर्द, दस्त तथा उलटी हो। इन्हें फ्लू की गोली ओसेल्टामिविर नहीं देते, न ही किसी जाँच की आवश्यकता होती है। लक्षण के अनुसार पारासिटामल या सेट्रीजिन आदि देते हैं। एच1एन1 की भी जाँच की आवश्यकता नहीं होती।

श्रेणी 'बी'—

1. श्रेणी 'ए' जैसे लक्षण हों तथा साथ में तेज़ बुख़ार और गले में तेज़ दर्द तथा खराश हो—मरीज़ को घर में अलग रखना है तथा ओसेल्टामिविर का प्रयोग कर सकते हैं।

2. श्रेणी 'ए' जैसे लक्षण तथा साथ में

- प्रसूतावस्था
- 65 वर्ष से अधिक आयु के मरीज़
- कैंसर, एच.आइ.वी.,ल्यूकीमिया, किडनी, फेफड़े, हृदय, लिवर आदि की बीमारी
- छोटी आयु के बच्चे

श्रेणी 'बी' के मरीज़ों को ओसेल्टामिविर दिया जाना चाहिए। एच1एन1 की जाँच की आवश्यकता नहीं होती।

श्रेणी 'सी'—साँस फूलना, सिर में दर्द, बेहोशी, रक्तचाप घट रहा हो, थूक में ख़ून आ रहा हो, शरीर का नीला पड़ना आदि

पहले से मौजूद बीमारियों की भीषणता बढ़ती जा रही हो।

सभी श्रेणी 'सी' के मरीज़ों को अस्पताल में भर्ती कर तुरन्त जाँच करानी पड़ती है तथा ओसेल्टामिविर, एंटीबायोटिक्स, ऑक्सीजन आदि देने की आवश्यकता होती है। पहले से मौजूद बीमारियों का भी तुरन्त तथा सही इलाज ज़रूरी है।

यह कहना ग़लत नहीं होगा कि समय से पहचान तथा इलाज किया जाये तो सारे मरीज़ ठीक हो जाते हैं।

मृत्यु उन्हीं मरीज़ों की होती है जिन्हें साथ में अन्य बीमारियों ने ग्रसित किया हुआ है तथा जिनका इलाज अपर्याप्त या देर से शुरू किया गया है।

कालाजार

'कालाजार' शब्द काला ज्वर (ब्लैक फीवर) का अपभ्रंश है। इस बीमारी के मूल लक्षण बुख़ार आना तथा त्वचा का काला पड़ जाना है। इसके कुल रोगियों का क़रीब 90 फ़ीसदी भारत, बांग्लादेश, नेपाल, मध्य एशिया तथा सूडान में स्थित है। भारत में यह रोग मुख्यतः पूर्वी प्रान्तों में अपना प्रकोप दिखाता है और अकेले बिहार में कालाजार के मरीज़ों की संख्या किसी भी अन्य देश में मरीज़ों की संख्या से अधिक है। इस रोग के जीवाणुओं के विस्तार को गर्म जलवायु (ट्रॉपिकल्स तथा सब-ट्रॉपिकल्स) प्रश्रय देती है। यही कारण है कि यह गर्म जलवायु वाले देशों में सर्वाधिक पाया जाता है। कालाजार का कारण 'लिश्मैनिया डोनोवेनाइ' नामक एक जीवाणु (प्रोटोजोआ) होता है। यह कुत्तों, चूहों तथा लोमड़ियों में पाया जाता है। मनुष्य में इस रोग की शुरुआत मादा सैंडफ्लाई मक्खियों द्वारा चूसे गये ख़ून में उपस्थित जीवाणुओं के मानव रक्त संचार व्यवस्था में पहुँचने से होती है। जीवाणु रक्त से मोनोसाइट-मैक्रोफेज सिस्टम में प्रवेश कर जाते हैं और वहाँ धीरे-धीरे संख्या विस्तार करने लगते हैं। जिन अंगों में मोनोसाइट-मैक्रोफेज कोशिकाओं की बहुतायत होती है, वे उन जीवाणुओं के विस्तार के कारण बढ़ने लगते हैं। यही कारण है कि यकृत, तिल्ली, लिम्फनोड आदि बड़े हो जाते हैं। विशेषकर तिल्ली तो बहुत बड़ी हो जाती है और कुछेक मरीज़ों में क़रीब पूरे एबडोमेन (उदर) में फैल जाती है। मोनोसाइट-मैक्रोफेज सिस्टम के संक्रमण से शरीर क्षीण तथा बाह्य आक्रमणों का शिकार बनने लगता है। बार-बार तथा तरह-तरह के संक्रमणों को झेलता यह शरीर भीषण कुपोषण तथा ह्रास का शिकार बनता है। कुपोषण के कारण रक्ताभाव (एनीमिया) एक आम बात है। इसके अतिरिक्त बुख़ार, भूख न लगना, पसीना छूटना, शरीर में सूजन, दस्त लगना आदि इस बीमारी के मूल लक्षण हैं। ऐसे मरीज़ों में टीबी, न्यूमोनिया, गैस्ट्रोएन्ट्राइटिस आदि की सम्भावना बढ़ जाती है।

कुछ मरीज़ों में (ख़ासकर चीनी लोगों में) लिम्फनोड बड़े हो जाते हैं और इन्हें लिम्फोमा से अलग करना कभी-कभी मुश्किल होता है। अफ्रीकी कालाजार में त्वचा ग्रसित हो जाती है, इसमें जगह-जगह गूमड़ निकल आते हैं। यह स्थिति कोढ़ के एक प्रकार से काफ़ी मिलती-जुलती है। त्वचा मुख्यतः उदर में कालाजार के इलाज के बाद ग्रसित होती है। कुछ मरीज़ों में पहला लक्षण त्वचा का प्रकोप ही है।

जाँच परीक्षा : रक्त की सामान्य जाँच–हिमोग्लोबिन, टीसीडीसी, इएसआर, पेरिफेरल स्मियर आदि। टोटल काउंट काफ़ी कम हो जाता है और कभी-कभी तो एप्लास्टिक एनीमिया का भी शक होने लगता है। हिमोग्लोबिन की मात्रा कम हो जाती है। इएसआर बढ़ जाता है। मोनोसाइट्स की मात्रा काफ़ी बढ़ी पायी जाती है।

लीवर फंक्शन टेस्ट : प्रायः ठीक ही रहता है। कभी थोड़ा बिलिरुबिन, एंजाइम्स आदि बढ़े पाये जाते हैं। एल्ब्युमिन, ग्लोबुलिन अनुपात उलटा हो जाता है अर्थात एल्ब्युमिन की मात्रा घट जाती है और ग्लोबुलिन की बढ़ जाती है जिससे अनुपात उलट जाता है। गामा ग्लोबुलिन ख़ासकर बढ़ता है। इसी नीति पर आधारित एक जाँच 'एलडिहाइड' टेस्ट होती है जो कालाजार में पॉजिटिव होता है। पर इसकी सुग्रहीता का भरोसा नहीं होता।

जीवाणुओं की प्रत्यक्ष उपस्थिति : यह सबसे अच्छा, सटीक और आसान तरीक़ा है। इसके लिए सबसे अच्छा अंग तिल्ली (स्प्लीन) को माना गया है। स्प्लीन में सूई से छेद कर टिशु (ऊतक) निकाला जाता है और इसमें एलडी बॉडी की परीक्षा की जाती है। यह 90 प्रतिशत से अधिक मरीज़ों में पॉजिटिव होता है। इससे कम सुग्राही बोन मैरो ऐसपिरेट होता है। इसी तरह, लिम्फनोड की भी कोशिकाएँ निकालकर परीक्षा की जा सकती है। उपयुक्त कोशिकाओं का कल्चर करके भी जीवाणुओं को दर्शाया जा सकता है।

पीसीआर : पॉलिमरेज चेन रिएक्शन विधि भी अब उपलब्ध है जो सटीक तो है, पर काफ़ी महँगी है और इसकी सुविधा भी सब जगह नहीं है।

सीरम की जाँचें, जो अप्रत्यक्ष रूप से कालाजार का संक्रमण दर्शाती हैं, का महत्त्व इनकी गति तथा इनके दर्दरहित होने के कारण बढ़ रहा है।

एलाइजा टेस्ट : रक्त में उपस्थित काजालार के एंटीबॉडी दिखाते हैं।

डीएटी (डायरेक्ट एग्लुटिनेशन टेस्ट) : यह भी कालाजार एंटीबॉडी दर्शाता है। यह एलाइजा से कम ख़र्चीला तथा ज़्यादा आसान है। उपयुक्त दोनों जाँचों के लिए कालाजार ऐंटीजन की उपलब्धता तथा इनका सही रख-रखाव आवश्यक है, अन्यथा जाँच का फल सही नहीं आता।

इलाज : कालाजार के लिए दवाएँ तो मौजूद हैं, पर इसके जीवाणुओं की बढ़ती अभेद्यता एक विषम संकट है। पुरानी दवाओं को ज़्यादा मात्रा में तथा ज़्यादा दिन तक देने पर भी परिणाम उतने अच्छे नहीं आते। नयी दवाएँ शरीर के लिए ज़्यादा हानिकारक हैं। अतः प्रयोग में सावधानी बरतने की आवश्यकता होती है। रोग के परिणाम पर भौगोलिक क्षेत्रों का भी प्रभाव पड़ता है। जहाँ यूरोप में दवाओं का जीवाणुओं पर असर तुरन्त होता है, वहीं अफ्रीका तथा एशियाई कालाजार काफ़ी 'रेजिस्टैंट' (प्रतिरोधी) होता है। ख़ासकर भारत में वर्तमान कालाजार जीवाणु बहुत ही हठी है और प्रायः पुरानी सभी दवाओं से 'रेजिस्टैंट' है। सोडियम एंटीमनी ग्लुकोनेट एक बहुत अच्छी दवा है। इनकी सूई 20 मिलीग्राम प्रति किलोग्राम शरीर वज़न के हिसाब से 20 से 30 दिनों तक लेनी पड़ती है। इलाज के अन्त में पुनः ऐस्पीरेट में एलडी बॉडी की उपस्थिति के लिए जाँच की जाती है। उपस्थिति दवा की निष्क्रियता दर्शाती है और इन हालात में 'पेंटामिडिन कंपाउंड' इस्तेमाल किये जाते हैं। ये शरीर के लिए बहुत ही हानिकारक माने जाते हैं और इनका उपयोग अस्पताल से बाहर वर्जित है। अस्पतालों में भी इनके उपयोग के साथ इतनी हिदायतें बरतनी पड़ती हैं कि इनका प्रयोग अब प्रायः बन्द हो गया है। ऐम्फोटेरिसिन-बी वस्तुतः एक एंटीफंगल एजेंट है, पर इसका असर कालाजार जीवाणुओं के विरुद्ध अचूक है। इसी वजह से अब इसे अन्य दवाओं के ऊपर प्राथमिकता दी जाती है। 0.5 मिलीग्राम प्रति किलोग्राम शरीर वज़न के हिसाब से शुरू की जाती है जिसे बढ़ाकर 1 मिलीग्राम/किलोग्राम कर दिया जाता है। 15 सूइयाँ पर्याप्त मानी जाती हैं। जहाँ स्रोतों की तंगी नहीं वहाँ के लिए 'लाइपोसोमल ऐम्फोटेरिसिन-बी' सबसे अच्छी दवा मानी जाती है। यह दो-तीन मिग्रा./किग्रा. के हिसाब से रोज़ सूई के रूप में दी जाती है। सात से आठ सूइयाँ काफ़ी होती हैं। फ्लुकोनाजोल 400 मिग्रा तथा एलोप्युरिनोल 300 मिग्रा तीन हफ़्तों तक रोज़ देने के भी अच्छे परिणाम मिले हैं। डैप्सोन, एटोवाक्वीन, मिलटेफोसिन के भी अच्छे परिणाम आ रहे हैं, पर इन सब पर सभी सहमत नहीं हैं। इनके अतिरिक्त एक एमाइनोग्लाइकोसाइड 'एमाइनोसिडिन (पैरोमोमाइसिन)' अब उपयोग के लिए अन्तिम चरणों में है। यह सोलह से बीस मिग्रा./किग्रा. के हिसाब से पन्द्रह से सोलह दिन तक दी जाती है।

ऐम्फोटेरिसिन-बी, एमाइनोसिडिन गुर्दों के लिए हानिकारक होते हैं। पेंटामिडिन हृदय तथा लिवर को हानि पहुँचाता है। साथ ही रक्त में ग्लुकोज की अत्यधिक कमी से 'हाइपोग्लाइसिमिक कोमा' कर सकता है। अतः गह आपश्यक है कि

कालाजार का इलाज अस्पतालों में डॉक्टरों की देखरेख में ही हो। दवाओं के अलावा अन्य उपस्थित व्याधियों का उपचार भी आवश्यक है। ख़ून की कमी के लिए आयरन, विटामिन-बी आदि देने चाहिए। सन्तुलित तथा पौष्टिक आहार अनिवार्य है।

रोकथाम : कालाजार के लिए अब तक कोई कारगर टीका उपलब्ध नहीं है। वैज्ञानिक टीकों के ईजाद के लिए प्रयासरत हैं। रोकथाम का मुख्य स्रोत मच्छर-मक्खियों के प्रजनन की रोकथाम है जिसके लिए कीटनाशक दवाओं का छिड़काव, स्प्रे, अटके तथा बन्द नालों, तालाबों की सफ़ाई आदि आवश्यक है। मरीज़ों का इलाज तुरन्त करना चाहिए ताकि बीमारी एक मरीज़ से दूसरे तक न फैले। आवारा कुत्तों, जंगली लोमड़ियों तथा चूहों को भी नष्ट कर देना चाहिए जो प्रायः जीवाणुओं के प्रसार के माध्यम हैं। यह पूर्णतः ठीक होने वाली बीमारी है जिसका समय से इलाज होने पर कोई हानि नहीं होती। इलाज डॉक्टर की देखरेख में ज़रूरी है। सम्पूर्ण अवधि तक सूइयों का प्रयोग किया जाना चाहिए। अधूरा इलाज रेजिस्टैंट जीवाणु पैदा करते हैं जिनका उन्मूलन कठिन ही नहीं, कभी-कभी असम्भव भी हो जाता है।

डेंगू बुख़ार

बारिश का मौसम लाती है ढेर सारी हरियाली, खुशहाली, प्राकृतिक सौन्दर्य तथा कृषि-समृद्धि, पर इसके साथ आती हैं विभिन्न बीमारियाँ, महामारियाँ तथा अनेक विपदाएँ भी—प्राकृतिक और पारिवेशिक दोनों। बीमारियों का ज़िक्र चलते ही मच्छर, मक्खी, कीट, कीटाणु आदि सहज ही दिमाग़ में कौंधते हैं और मलेरिया, फाइलेरिया, कालाजार, मस्तिष्क ज्वर आदि की ओर हमारा ध्यान चला जाता है जिससे प्रतिवर्ष न जाने कितनी मौतें होती हैं। इन्हीं में एक है डेंगू, जो एडिस इजिपसिआई नामक मादा मच्छर के काटने से होता है। इन मच्छरों में इस रोग के वायरस रोगग्रस्त मनुष्यों के ख़ून के माध्यम से आते हैं और इस प्रकार रोग का संचार एक मरीज़ से दूसरे में आसानी से हो जाता है। पिछले 10-15 वर्षों में डेंगू दक्षिण-पश्चिम एशियाई देशों में एक बड़ी बीमारी के रूप में उभरा है। अन्तरराष्ट्रीय आँकड़े कहते हैं कि प्रतिवर्ष विश्व में क़रीब 500-1000 लाख डेंगू के मरीज़ पनपते हैं।

इस रोग के तीन प्रमुख रूप हैं :

1 डेंगू फीवर

2 डीएचएफ—डेंगू हेमोरेजिक फीवर

3 डेंगू शॉक सिंड्रोम

डेंगू फीवर : एक आम वायरल फीवर की तरह प्रकट होता है। तेज़ बुख़ार, बदन दर्द, सिर दर्द, आँखों के पिछले हिस्से में दर्द, नाक, मसूड़ों, आँतों या मुँह से रक्त रिसाव, सिहरन, शरीर में ऐंठन आदि इसके लक्षण हैं। इनमें से अगर दो लक्षण भी मौजूद हों तथा जाँच में श्वेत रक्त कोशिकाओं और प्लेटलेट्स की कमी दिखे तो इसकी आशंका बन जाती है। इस बीमारी की सटीक पहचान के लिए रक्त की कुछ सिरोलॉजिकल जाँच मौजूद हैं जो अच्छे संस्थानों में उपलब्ध हैं। एन.एस. 1, एंटीजेन टेस्ट बुख़ार के दूसरे या तीसरे दिन से पॉजिटिव होने

लगता है और रोग की पहचान में अहम भूमिका निभाता है। पर यह जाँच महँगा होता है। वहीं एंटीबॉडी पर आधारित जाँचें बुख़ार के कम-से-कम एक सप्ताह के बाद पॉजिटिव होता है। अतः इन जाँचों का रोग के निदान में कोई महत्त्व नहीं होता। हाँ, अगर डेंगू आईजीएम एंटीबॉडी बहुत मात्रा में मौजूद हो तो रोग को पहचानने में मदद मिलती है।

डीएचएफ डेंगू हेमोरेजिक फीवर : उपर्युक्त लक्षणों के अतिरिक्त रक्तस्राव तथा प्लेटलेट्स की भारी कमी और हेमैटोक्रिट की बढ़ोतरी (20%) इसकी ओर इंगित करते हैं। रक्तस्राव गम्भीर रूप धारण कर सकता है और चिकित्सकों को इस स्थिति से जूझने के लिए तैयार रहना चाहिए।

डेंगू शॉक सिंड्रोम : डीएचएफ के साथ अगर भारी रक्तस्राव, अतिनिम्न रक्तचाप तथा शॉक के लक्षण मौजूद हों तो इसे डेंगू शॉक सिंड्रोम (डीएचएफ) कहते हैं।

उपचार : डेंगू दो से पाँच दिनों तक रहता है और इसके बाद स्वतः ठीक हो जाता है। इसके बाद बुख़ार रहित क्रिटिकल फेज आता है जिसके दौरान डीएचएफ या डीएचएस उत्पन्न हो सकते हैं। यह बुख़ार रहित अवधि ज़्यादा ख़तरनाक होती है क्योंकि बुख़ार ठीक हो जाने के बाद आम धारणा रहती है कि मरीज़ ठीकठाक है और होने वाली जटिलताओं से अनभिज्ञ, घर के लोग लापरवाहियाँ करने लगते हैं। वस्तुतः यह आवश्यक है कि इस दौरान मरीज़ चिकित्सक की देखभाल में रहे। नाजुक या संकटपूर्ण क्षण के निकल जाने के बाद मरीज़ धीरे-धीरे ठीक होने लगता है और सप्ताह-दस दिनों के बाद पूर्ववत हो जाता है। क्रिटिकल फेज के दौरान प्रत्येक चार घंटे पर हेमाटोक्रिट तथा प्रतिदिन प्लेटलेट्स काउंट कराते हैं। बुख़ार की स्थिति में आमतौर पर पारासिटामोल दिया जाता है। ध्यान रखना चाहिए कि बुख़ार ज़्यादा न बढ़े। एस्पिरिन तथा अन्य दर्दनिवारक गोलियों का सेवन नहीं करना चाहिए।

इसके अतिरिक्त जल तथा अन्य पेय की पर्याप्त मात्रा दी जानी चाहिए। अगर रक्त का रिसाव हो रहा हो तो चिकित्सकों को इसकी तुरन्त सूचना देनी चाहिए। पौष्टिक तथा सन्तुलित आहार ज़रूरी है। निरन्तर उलटी की स्थिति में नस के द्वारा ग्लुकोज सेलाइन देना चाहिए।

प्लेटलेट्स की अगर बहुत कमी हो जाये (10,000/कमिग्रा. से भी कम) या रक्त रिसाव निरन्तर हो तो प्लेटलेट्स देना आवश्यक हो जाता है। हेमाटोक्रिट अगर बढ़ रहा है और 20 प्रतिशत से ऊपर है तो सेलाइन देना आवश्यक होता

है और तब तक देते हैं जब तक यह नीचे आना शुरू नहीं कर देता। डीएचएस में शॉक से निबटने के लिए नस से ख़ून चढ़ाना आवश्यक हो जाता है। इसके अतिरिक्त प्लेटलेट्स, ग्लूकोज सेलाइन तथा रक्तचाप बढ़ाने वाली औषधि जैसे डोपामिन, नॉरएडेनलिन आदि देना अनिवार्य होता है। अगर सेलाइन अकेले रक्तचाप बढ़ने में सक्षम नहीं होता है तो प्लाज्मा एक्सपैंडर भी जोड़ते हैं। ऑक्सीजन तथा अन्य सहायक उपाय व औषधियाँ तो अनिवार्य होते ही हैं। अगर समय से सही इलाज किया जाये तथा आवश्यक औषधियाँ तुरन्त मुहैया कराई जायें तो मरीज़ की जान बचाई जा सकती है।

उपचार से ज़्यादा आसान रोग की रोकथाम है और इसके लिए आवश्यक है मच्छरों का उन्मूलन। मच्छरों का प्रजनन गन्दे तथा अवरुद्ध जल भण्डारों में होता है, अतः आवश्यक है कि नालों, कूलरों, गड्ढों, टूटे हुए खाली बर्तनों, टायरों आदि से पानी निकालकर साफ़ कर दिया जाये। समय-समय पर जलस्रोतों में डीडीटी का छिड़काव करना चाहिए।

मच्छर वाले स्थान में जाना आवश्यक हो तो वहाँ मच्छर भगाने वाले या मारने वाले यन्त्रों/रसायनों का उपयोग करना चाहिए। मच्छरदानी बहुत उपयोगी होती है।

परिशिष्ट

दर्दनाशक दवाएँ तथा इनसे उत्पन्न बीमारियाँ

सिर दर्द हुआ, एस्पिरिन खा ली; बदन दर्द हुआ, ब्रूफेन फाँक ली या फिर शरीर में शिथिलता-थकावट-दर्द और बुख़ार जैसा महसूस हुआ तो क्रॉसिन गटक लिया—बहुत सम्भव है कि आप भी ऐसी आदतों के धनी हों। दर्द से तत्काल मिलने वाली राहत ही ऐसी दवाओं के प्रति व्यक्ति को आकर्षित करती है। इसमें कोई सन्देह नहीं कि दर्दनिवारक दवाएँ तत्काल पीड़ा से मुक्ति दिलाती हैं और भीषण जानलेवा दर्द के लिए आवश्यक होती हैं। पर सामान्य मामलों में बार-बार दर्दनिवारक दवाएँ लेने से व्यक्ति को इसकी आदत-सी पड़ जाती है। और इसके साथ ही बुनियाद पड़ जाती है कई प्रकार की शारीरिक समस्याओं की। जी हाँ! लम्बे समय तक दर्दनिवारक दवाओं के सेवन के कई दुष्प्रभाव सामने आते हैं। इन दुष्प्रभावों में कुछ तो ऐसे हैं जिनका आसान इलाज सम्भव नहीं है और कुछ मामलों में ये प्राणघातक भी सिद्ध होते हैं।

दर्दनिवारक दवाओं को मुख्यतः दो भागों में बाँटा जा सकता है—नारकोटिक एनाल्जेसिक और नॉन-नारकोटिक एनाल्जेसिक। नारकोटिक एनाल्जेसिक समूह की दवाओं में मार्फिन, पैथेडिन और पेंटाजोसिन की प्रधानता वाली दवाएँ होती हैं जबकि नॉन-नारकोटिक एनाल्जेसिक ग्रुप की दवाओं में नॉन-स्टेरॉयडल एंटी इंफ्लेमेटरी ड्रग्स अथवा एनसेड्स प्रमुख हैं।

नारकोटिक एनाल्जेसिक समूह की दवाओं का आम प्रयोग निषिद्ध माना जाता है। चिकित्सकों के मुताबिक़ इन दवाओं के प्रभाव से व्यक्ति को इसकी लत पड़ जाती है, जैसी मादक द्रव्यों के सेवन से होती है। वैसे जब जान पर बन आये या आपातकालीन परिस्थिति जैसी भयंकर असह्य पीड़ा हो तो ही इस समूह की दवाएँ दी जा सकती हैं। रजिस्टर्ड चिकित्सक को ही रोगियों पर इन दवाओं के प्रयोग की इजाज़त होती है।

नॉन-नारकोटिक एनाल्जेसिक ग्रुप की दवाएँ नारकोटिक एनाल्जेसिक समूह की दवाओं की अपेक्षा भले ही कम प्रभाव वाली हों, लेकिन लम्बे समय तक इसका

प्रयोग किया जाये तो भी इसकी आदत या लत नहीं लगती, हालाँकि स्वास्थ्य पर इसके भी कई दुष्प्रभाव पड़ते हैं। 'एनसेड्स' समूह की दवाओं में मुख्यतः एस्पिरिन, इबुप्रोफेन, डायक्लोफेनक, निमेस्युलिड हैं। ये बहुत आम दर्दनिवारक दवाएँ हैं और प्रायः हममें से सबों ने इनका कभी-न-कभी प्रयोग किया होगा। लेकिन अधिक समय तक लेते रहने से इनका दुष्प्रभाव आँतों, किडनी, लिवर आदि पर पड़ता है। ये दवाएँ आमाशय और ऊपरी आँतों में अल्सर और अन्दरूनी रक्तस्राव का कारण बनती हैं। यह पूरी प्रक्रिया जानने के लिए शरीर में दर्द होने और दर्द कम करने वाली दवाओं की भूमिका को समझना ज़रूरी होगा। हमारे शरीर में प्रोस्टाग्लेंडिन नामक एक ख़ास तरह का हारमोन होता है जिसका काम रक्त धमनियों को फैलाना होता है, ताकि सुचारु रूप से रक्त-संचरण हो सके। प्रोस्टाग्लेंडिन रक्त आपूर्ति को भी बढ़ाने में मदद करता है। आँतों में यह हारमोन म्युकस का निर्माण बढ़ाता है। सीधे शब्दों में कहा जाये तो इस हारमोन की भूमिका आमाशय और आँतों-सहित पूरी प्रणाली को किसी ज़ख़्म से बचाने और सुरक्षित रखने की होती है। दर्दनिवारक दवाएँ हारमोन की पूरी भूमिका में गम्भीर उलट-पुलट कर देती हैं। दर्द कम कर देने वाली दवाएँ आमाशय और आँतों में पहुँचते ही हाइड्रोक्लोरिक अम्ल का निर्माण तेज़ करती हैं और यह अम्ल आमाशय के सुरक्षा-कवच म्युकोसा को छील देता है जिससे बनता है आमाशय में घाव और अल्सर। एनसेड्स जब पूरी तरह प्रोस्टाग्लैंडिन के प्रभाव को रोक देता है तब आँतों और आमाशय के अन्दर रक्तस्राव और घाव बनने की प्रक्रिया आरम्भ हो जाती है। एंडी-इंफ्लेमेटरी प्रॉपर्टी के तहत ये दवाएँ एंटी-प्रोस्टाग्लेंडिन प्रभाव पैदा करती हैं जिससे हड्डियों के जोड़ों में होने वाले दर्द को राहत मिल जाती है, लेकिन आँतों का स्वास्थ्य बिगड़ जाता है। यहाँ यह जानना भी दिलचस्प होगा कि शरीर के ख़ास हिस्से में दर्द को कम करने के लिए जितनी दवा की आवश्यकता होती है, मुँह से ली जाने वाली टैबलेट या कैप्सूल की मात्रा ठीक उनका दोगुनी या तिगुनी होती है। यही दवा यदि इंजेक्शन के रूप में दी जाये तो शायद उस दर्द को ठीक करने के लिए दवा की एक-तिहाई या आधी मात्रा ही काफ़ी होगी।

एंटी प्रोस्टाग्लैंडिन प्रभाव पैदा करने के साथ ही दर्दनिवारक दवाएँ रक्त के आवश्यक घटक प्लेटलेट्स का घनत्व घटा देती हैं जिससे रक्त के थक्के बनने की प्रवृत्ति कम पड़ जाती है। हालाँकि ख़ून के पतला हो जाने से हृदय रोगियों को तो फ़ायदा होता है, लेकिन आम स्वस्थ लोगों के लिए यह नुक़सानदेह होता है।

एंटी प्रोस्टाग्लैंडिन प्रभाव के तहत किडनी को आवश्यक रक्त की आपूर्ति नहीं हो पाती और रेनल फेलिअर की समस्या आ खड़ी होती है। किडनी से आगे चलिए—श्वेत रक्त कणिकाओं के ग्रैनुलोसाइट्स को कम करती हैं दर्दनिवारक दवाएँ, जिससे बाह्य संक्रामक से बचाने वाली शरीर की रोग प्रतिरोधक क्षमता कमज़ोर पड़ जाती है। रक्त कैंसर भी हो सकता है दर्दनिवारक दवाओं से। हड्डियों के बीच में स्थित कार्टिलेज के क्षय को ये बढ़ाती हैं और उनके पुनर्निर्माण की प्रक्रिया को शिथिल कर देती हैं। कुल मिलाकर बढ़ती उम्र में होने वाली ऑस्टियो आर्थराइटिस को बढ़ावा देती हैं पीड़ाहारक दवाएँ। दर्दनिवारक दवाएँ हड्डियों के जुड़ने में भी बाधक होती हैं। अमेरिका के न्यू जर्सी में चूहों पर एस्पिरिन, ब्रूफेन, रोफेकोक्सिब और सेलेकोक्सिब जैसी एनसेड्स के प्रयोग के बाद पाया गया कि कुछ चूहों की हड्डियों को जुड़ने में काफ़ी वक़्त लगा, कुछ की हड्डियाँ आंशिक रूप से जुड़ीं तो कुछ की हड्डियाँ जुड़ नहीं पायीं। जिन लोगों के आँतों में रक्तस्राव की शिकायत हो उन्हें ये दवाएँ नहीं खानी चाहिए। अगर किसी व्यक्ति को भीषण दर्द हो रहा हो तो चिकित्सक की निगरानी में ही दवा खानी चाहिए।

बच्चों में इसके सेवन से लिवर क्षतिग्रस्त हो सकता है। गर्भवती स्त्री को तो ख़ासतौर से सचेत रहने की ज़रूरत होती है। भावी माताओं को चिकित्सक की सलाह के बग़ैर दर्दनिवारक दवाएँ नहीं खानी चाहिए, अन्यथा भ्रूण के विकास में बाधा आने से बच्चा शारीरिक, मानसिक रूप से विकलांग या कम वज़न का हो सकता है।

क्या आपको पता है कि हमारे शरीर में प्राकृतिक रूप से पीड़ाहारी रसायन मस्तिष्क और स्नायुयों में निकलते रहते हैं? इस प्राकृतिक दर्दहारी तन्त्र का सबसे अधिक नाश करती हैं दर्दनिवारक दवाएँ। थोड़ी पीड़ा हो और आपने झट से कोई गोली फाँक ली, आप बाहरी दवा के प्रभाव से मुक्त हो जायें, लेकिन एंडार्फिन और एंकेफ्लिन जैसे दर्दहारी रसायन आपके शरीर में स्रावित नहीं हुए जो शरीर में चोट लगने या दर्द की स्थिति में अन्दर-अन्दर निकलना प्रारम्भ कर देते हैं।

नारकोटिक समूह की दर्दनिवारक दवा खाने वाले लोगों को कई प्रकार के मनोरोग हो जाते हैं। उन्हें बेहोशी के दौरे पड़ सकते हैं, हैल्युसिनेशन हो सकता है, विस्मृति हो सकती है, याददाश्त भी कमज़ोर पड़ सकती है। यही नहीं, एकाग्रता की क्षमता में कमी आ सकती है। उलटी और मितली भी हो सकती है।

क्या इतना काफ़ी नहीं है दर्दहारी दवाओं के अच्छे और बुरे दोनों पक्ष को जानने के लिए? और यह कि इनके चुनाव और प्रयोग में सतर्कता बरती जाये?

गले में दर्द तथा टॉन्सिल

मुँह के अन्दरूनी पिछले भाग का या वहीं स्थित टॉन्सिल ग्लैंड के संक्रमण अथवा सूजन से गले के अन्दर दर्द होना एक बहुत ही सामान्य बात है। प्रत्येक व्यक्ति साल में दो से तीन बार इसकी चपेट में निश्चित आ जाता है। गले में दर्द आम तौर पर वायरसों या (स्ट्रेप्टोकोकाई) बैक्टिरिया के संक्रमण से होता है।

बुख़ार, खाँसी, शरीर में दर्द, गले में दर्द, बलगम बनना, खाने में दिक़्क़त, कुछ सटकने में दर्द तथा कान में दर्द आदि इसके प्रमुख लक्षण हैं। मुँह खोलकर टॉर्च की रोशनी में देखने पर गले का पिछला हिस्सा लाल तथा सूजा हुआ दिखता है। टॉन्सिल भी बड़े-बड़े लाल तथा मवादयुक्त हो जाते हैं। वायरल संक्रमण में टॉन्सिल सूजता तो है लेकिन उसके अन्दर मवाद उत्पन्न नहीं होता।

पारासिटामोल की गोलियाँ तीन बार रोज़, गर्म पानी से तीन बार रोज़ गार्गल, सेट्रिजिन की गोलियाँ दो बार रोज़ पर्याप्त होते हैं। तीन-चार दिनों में पूरा सुधार हो जाता है। अगर टॉन्सिल सूजा हुआ तथा मवादयुक्त है तो एंटीबायोटिक देने की आवश्यकता पड़ती है। को-एमौक्सिक्लाव 625 मि.ग्रा. तीन दफा रोज़ पाँच दिनों तक देने से स्थिति में जल्द सुधार आ जाता है।

कभी-कभी स्ट्रेप्टोकोकस संक्रमण के कारण कुछ जटिलताएँ उत्पन्न हो जाती हैं जैसे कि रिउमेटिक फीवर या गुर्दे में एक्यूट ग्लोमेरूलोनेफ्राइटिस, दोनों बीमारियाँ ठीक हो जाने वाली हैं अगर इनका समय से सही इलाज किया जाये तो।

बीमारी की जानकारी इसके लक्षण से पकड़ में आ जाती हैं। कुछ मरीज़ों में जाँच की आवश्यकता पड़ सकती है। रक्त की सामान्य जाँचों के अतिरिक्त 'थ्रोट स्वैब' लेकर बैक्टीरिया के प्रकार को तय करते हैं जिससे सटीक इलाज सम्भव हो जाता है।

सिरदर्द तथा माइग्रेन

सिरदर्द मनुष्य की सबसे आम समस्या है, यह कहना कोई अतिशयोक्ति नहीं होगी। शायद ही कोई व्यक्ति हो जिसने इसे महसूस नहीं किया हो। शायद यही कारण है कि आमतौर पर हम इस पर ज़्यादा ध्यान नहीं देते और कुछ प्रचारित औषधियों को जिनका नाम सभी जानते हैं और जो सभी दुकानों में उपलब्ध होती हैं, गटक कर इससे छुटकारा पा लेते हैं। शायद ज़्यादातर सिरदर्द की समस्यायों के लिए ऐसी धारण सही भी है। पर ऐसा सिरदर्द जो अकस्मात उत्पन्न हुआ

हो, जो तुरन्त त्वरित होकर असहनीय हो जाये, जिसके साथ लकवा, मिर्गी या बोलने की दिक़्क़त शामिल हो या जिसके साथ बुख़ार, शरीर पर दाने, उलटी आदि सम्मिलित हो तो उस पर विशेष ध्यान देने की आवश्यकता होती है। यह साधारण सिरदर्द नहीं हो सकता।

आमतौर पर सिरदर्द को दो समूहों में बाँटा गया है। अकारण उत्पन्न सिरदर्द जिसमें माइग्रेन शामिल है तथा द्वितीयक सिरदर्द जो किसी और बीमारी की उपस्थिति के कारण होता है जैसे मस्तिष्क के अन्दर ख़ून की नली फटने से, दिमाग़ के अन्दर किसी कैंसर या गाँठ के पनपने से, मस्तिष्क ज्वर में, कुछ औषधियों के कुप्रभाव से, आँख-कान-नाक की बीमारियों से तथा कुछ उच्च रक्त चाप की वजह से।

कुछ सिरदर्द के कारणों का बहुत सटीक लक्षण होता है और ज़्यादा परीक्षणों की ज़रूरत नहीं होती फिर भी जहाँ द्वन्द्व हो, जाँच अवश्य करवा कर देख लेना चाहिए ताकि कोई गम्भीर कारण नज़रों से ओझल तो नहीं। यदि सिरदर्द कुछ समय के लिए हो तथा दो ऐसे प्रकोपों के बीच का अन्तराल बिल्कुल सामान्य हो, सिरदर्द के समय आँखों के आगे आड़ी-तिरछी लकीरें दिखें तथा उलटी जैसी तबीयत हो तो यह माइग्रेन है। तेज़ रोशनी की असह्यता, ऊँची आवाज़ से परेशानी तथा खाने-पीने में प्रयोग किये गये कुछ ख़ास अवयवों से इसका बढ़ना माइग्रेन की पुष्टि करता है। चॉकलेट, पनीर, बियर, वाइन आदि उसको उग्र बनाते हैं, उसी प्रकार औरतों में मासिक धर्म की अवस्था भी इसको बढ़ा देती है।

सिरदर्द की अवधि भी बहुत महत्त्वपूर्ण होती है। जो सिरदर्द वर्षों से है वह कोई ख़तरनाक कारणों द्वारा नहीं हो सकता और मरीज़ को समझाने तथा सान्त्वना देने की आवश्यकता होती है।

जिन व्यक्तियों में उग्र मानसिक तनाव होता है उनमें जिस प्रकार का सिरदर्द होता है उसे 'टेंशन हेडेक' या तनावजनित सिरदर्द कहते हैं। ऐसे मरीज़ों में लगातार सिरदर्द की शिकायत बनी तहती है। उन्हें नींद की भी कमी रहती है जो सिरदर्द को और तीव्र तथा असहनीय बनाते हैं। उन्हें दर्द की गोली के अतिरिक्त मनोरोग चिकित्सक या विशेषज्ञ से सलाह की भी ज़रूरत पड़ती है।

द्वितीयक सिरदर्द बहुत तीव्र, असहनीय तथा अन्य लक्षणों के साथ अपना पदार्पण करता है। इसमें सिरदर्द के अतिरिक्त उक्त बीमारियों के लक्षण निहित होते हैं। इस प्रकार के सिरदर्द के लिए जाँचों तथा परीक्षणों की आवश्यकता होती है—जैसे एक्स-रे, सी.टी. स्कैन, आँखों की अन्दरूनी जाँच, एम.आर.आई., रीढ़

की हड्डी से पानी निकालकर उसकी जाँच आदि। परीक्षणों के फलों के आधार पर निदान की दिशा तय की जाती है।

प्रभावी या रेफर्ड सिरदर्द के व्यक्तियों के लिए आँख, नाक, कान और गला के विशेषज्ञों द्वारा जाँच करवाई जाती है जो यह तय कर पाते हैं कि किस अंग के प्रभाव से यह दर्द हो रहा है। उक्त अंगों की त्रुटियों को अगर ठीक कर दिया जाये तो सिरदर्द दूर हो जाती है; जैसे कि आँखों की ख़राबी के लिए उपयुक्त लेंसों वाला चश्मा लगाना ज़रूरी होता है। नाक के बगल में अन्दर की ओर स्थित साइनस के संक्रमण या एलर्जी से भी तेज़ सिरदर्द हो सकता है जिसके लिए गर्म पानी का भाप, सेट्रिजिन, नाक में सूजन कम करने वाले ड्रॉप्स या बूँदें आदि दी जाती हैं। कुछ गम्भीर मरीज़ों में साइनसों की छोटी शल्य चिकित्सा भी की जाती है।

माइग्रेन साधारणतया कम उम्र की महिलाओं में देखा जाता है। मासिक धर्म आने की अवस्था के साथ-साथ उसकी शुरुआत होती है तथा 45-50 वर्ष की आयु तक यह नर्म पड़ जाता है या फिर समाप्त ही हो जाता है। पुरुषों में यह महिलाओं की अपेक्षा काफ़ी कम देखा जाता है। अनुवांशिकता का भी ख़ासा योगदान होता है इस बीमारी में। महिलाओं में उसका अधिक होना दर्शाता है कि यह शायद स्त्रियों में उपस्थित यौन सम्बन्धित हॉरमोनों का योगदान है। गर्भ निरोधक हॉरमोन युक्त गोलियों के सेवन के दौरान भी यह पाया गया है कि उन महिलाओं में माइग्रेन का प्रतिशत बहुत ज़्यादा होता है।

माइग्रेन के दौरान होने वाला सिरदर्द बहुत तीव्र तथा टभकने वाला होता है और यह 4 से 24 घंटों तक रह सकता है।

निदान : जिन वस्तुओं तथा स्थितियों से माइग्रेन बढ़ता है उसे तुरन्त दूर किया जाना चाहिए।

अकस्मात् उत्पन्न हुए सिरदर्द को ठीक करना भी बहुत ज़रूरी होता है, इसके लिए पारासिटामौल, एनसेड्स आदि की गोलियाँ दी जाती हैं। मिचली तथा उलटी के लिए इसे रोकने वाली गोलियाँ भी बहुत ज़रूरी होती हैं जैसे डॉमपेरिडौन। कुछ में स्टेमेटिल की ज़रूरत भी पड़ सकती है।

सिरदर्द अगर बहुत तेज़ हो तो 'सुमाट्रिप्टन' देना बहुत लाभकारी होता है। यह गोलियाँ, सूई तथा इनहेलर के माध्यम से दिया जा सकता है। इसके परिणाम काफ़ी अच्छे पाये गये हैं। अरगोटामिन का प्रयोग माइग्रेन के ऊपर बहुत दशकों

से किया जा रहा है और ये काफ़ी कारगर भी होते हैं, लेकिन इससे आदत लगने का डर बना रहता है। जब माइग्रेन का अटैक तीन से चार बार प्रति महीने हो रहा है तो इसे रोकने वाली औषधियों का प्रयोग करना चाहिए। कैल्शियम चैनेल ब्लॉकर, बीटा ब्लॉकर, मायूसी रोकने वाली दवाएँ आदि दी जानी चाहिए। मिर्गी रोकने वाली दवाई—वैलप्रोएट, एमीट्रिप्टिलीन आदि भी देना चाहिए, कॉन्ट्रासेप्टिव टैवलेट भी बन्द कर देना चाहिए ताकि बार-बार अटैक नहीं आ जाये।

सर्दी, खाँसी, जुकाम

मनुष्य की सबसे आम बीमारियों में से एक यह इतनी सामान्य और साधारण मानी जाती है कि प्रायः सभी इसका इलाज जानते हैं और स्वयं करना पसन्द करते हैं। चिकित्सकों की सलाह तो तभी ली जाती है जब स्थिति सँभलने योग्य नहीं हो।

अदरक, तुलसी की चाय, गर्म कहवे, तीखी गर्म सब्ज़ी या मिर्ची वाला गोश्त क़रीब सबने आजमाया होगा और सभी इसका प्रयोग दशकों से करते आ रहे हैं। सभी प्रायः ठीक भी हो जाते हैं जिससे पता चलता है कि यह कोई जटिल समस्या नहीं है। च्यवनप्राश, शहद, सितोपलादि आदि कुछ ऐसी औषधियाँ हैं जिनका प्रयोग प्रायः सभी ने इसके लिए किया होगा।

इसके दो मुख्य कारण हैं—पहला, एलर्जी एवं दूसरा, वायरल। एलर्जी, जो धूल, प्रदूषण, धुआँ या मौसमी परिवर्तन, तापमान में अचानक बदलाव आदि से होता है और यह सबसे प्रमुख कारण माना जाता है। एलर्जी के कारण साँस की नली के अन्दर फेफड़ों तथा नाक के अन्दर कुछ रासायनिक व इम्युनोलौजिक परिवर्तन होते हैं जिससे नाक से पानी आना एवं छींक, खाँसी तथा साँस लेने में दिक़्क़त महसूस होती है।

यही लक्षण जब वायरस के संक्रमण से होता है तब उपर्युक्त लिखित लक्षणों के अतिरिक्त बुख़ार, सिरदर्द, बदन दर्द, उलटी, थकान आदि भी जुड़ जाता है। जो वायरस इसे पैदा करते हैं उनकी प्रजाति हर वर्ष अपना रूप एवं संरचना बदल देती हैं जिससे रोग प्रतिरोधक तत्त्व समुचित अनुपात में नहीं बन पाते और यह बार-बार प्रत्येक वर्ष हो सकता है। इसके विरुद्ध वैक्सीन नहीं बनने का भी यही कारण है।

दोनों ही वजहों से उत्पन्न यह पीड़ा प्रत्येक वर्ष बार-बार हो सकती है। यह कोई जटिल समस्या नहीं है और इसके कारण की खोज के लिए बहुत सारी जाँचों की आवश्यकता नहीं।

इसके इलाज के लिए उपलब्ध बहुत सारी दवाइयाँ मौजूद हैं। पारासिटामोल की गोलियाँ तीन बार रोज़ दर्द या बुख़ार के लिए पर्याप्त होती हैं। वहीं एंटी-हिस्टामिन गोलियाँ जुकाम, नाक से पानी तथा छींक, खाँसी को नियन्त्रित करने में बहुत सहयोगी होती हैं।

बन्द नाक को खोलने के लिए कुछ ड्रॉप्स उपलब्ध हैं जिन्हें तीन से चार बार प्रत्येक दिन लिया जा सकता है। एंटीबायोटिक्स का कोई प्रयोजन नहीं होता इसके इलाज में। साँस की दिक़्क़तें तथा नाक की एलर्जी के लिए कॉर्टिसोन श्वसन माध्यम से दी जाती है जिसे ठीक हो जाने के उपरान्त भी इस रोग के क्लिष्टतम रूप में बचाव के लिए प्रयोग करते रह सकते हैं।

कुल मिलाकर यह बिल्कुल ठीक हो जाने वाली बीमारी है जिसका उपचार बिल्कुल सम्भव है तथा इसका कोई दूरगामी दुष्परिणाम नहीं होता है। ज़्यादातर इलाज के माध्यम घर में मौजूद होते हैं और उनका उपाय बख़ूबी किया जा सकता है। बार-बार इसका प्रकोप आपको ग्रसित न करे इसके लिए ज़रूरी है धूल से बचें। मौसम के बदलने के समय ज़्यादा एहतियात बरतने की आवश्यकता होती है। वैक्युम क्लीनर धूल तथा प्रदूषण को निष्कासित करने में बहुत कारगर साबित होते हैं।

पुराने ऊनी कपड़ों को सुखाकर, झाड़कर प्रयोग में लाना चाहिए। मास्क या रुमाल भी धूलयुक्त स्थानों के लिए बहुत उपयुक्त होते हैं। अगर यह नहीं काम कर रहा है तो स्थान परिवर्तन, आवास परिवर्तन आदि ज़रूरी हो जाता है।

कान बहना

कान की अन्दरूनी संरचना कुछ इस तरह की होती है कि उसका गले से सीधा सम्बन्ध होता है और इसी वजह से गले की कोई भी बीमारी हो तो कान को प्रभावित होने की सम्भावना बढ़ जाती है। इसी श्रेणी में कान बहने की समस्या आती है जो मुख्यतः–

1. गले, टॉन्सिल, अडेनायड के संक्रमण आदि या गले के ट्यूमर से होता है; या
2. एलर्जिक राइनाइटिस, एलर्जिक फैरेंजाइटिस या एलर्जिक लैरिंजाइटिस के कारण होता है।

लक्षण : बच्चों, युवाओं में यह बहुत सामान्य है और रोग के शुरुआत में

1. कान तथा गले में दर्द होता है।
2. कान के अन्दर भारीपन तथा सूजन जैसा प्रतीत होता है।

3. कान के अन्दर पानी जैसे तरल की उपस्थिति मालूम होती है।

4. उस तरफ़ के कान से कम सुनाई पड़ता है और इसकी तीव्रता कान के अन्दर जमा तरल पर निर्भर करती है।

5. कान के अन्दर बुलबुले जैसी आवाज़ आती है।

6. कान से पानी जैसा तरल पदार्थ निकलने लगता है जो बाद में चलकर मवाद बन जाता है और बदबूदार होता है। एलर्जी से उत्पन्न कान बहने की स्थिति में मवाद नहीं बनता है। कान से रिसाव बिल्कुल पतला पानी जैसा होता है। वहीं अगर संक्रमण से कान बहना शुरू होता है तो यह पीला, मोटा तथा मवाद जैसा होता है।

ऐसी स्थिति में कान में तेज़ दर्द होता है। तेज़ बुख़ार भी होता है। बदन दर्द, उलटी, भूख नहीं लगना आदि भी साथ-साथ होते हैं। इसके लिए स्ट्रेप्टोकोकाई, स्टैफिलोकोकाई बैक्टीरिया ज़िम्मेवार होते हैं। इन परिस्थितियों में एंटीबायोटिक्स देते हैं। पाँच से सात दिन का कोर्स पर्याप्त होता है। दर्द कम करने के लिए भी दवाएँ दी जाती हैं जिससे यह समस्या बहुत हद तक दूर हो जाती है।

पीलिया

त्वचा, आँख तथा मुँह के अन्दर की परत जब पीली दिखने लगे तो इसे हम पीलिया कहते हैं। यह रक्त कोशिकाओं के टूटने से उत्पन्न बिलिरुबिन की मात्रा के 3 मि.ग्रा. प्रतिशत के पार जाने से उजागर होता है। बिलिरुबिन के बढ़ने के मुख्य तीन कारण हैं :

1. रक्त कोशिकाओं का त्वरित विखंडन
2. यकृत कोशिकाओं का क्षतिग्रस्त होना तथा
3. पित्त उत्सर्जन तन्त्र की अवरोधात्मक बीमारियाँ

यहाँ पर हमारा ध्यान यकृत कोशिकाओं की क्षतिग्रस्तता से है जो मुख्यतः वायरसों (ए.बी.सी. तथा डी.) के संक्रमण से तथा शराब के अत्यधिक तथा निरन्तर प्रयोग से होता है।

और भी कारण हैं जैसे विल्सन डिर्जाज तथा हिमोक्रोमैटोसिस जो अनुवांशिक होते हैं और जिनमें क्रमशः कॉपर तथा आयरन का जमाव यकृत कोशिकाओं में होने लगता है।

इसके अतिरिक्त ऑटो-इम्यून कारणों से भी यकृत क्षतिग्रस्त होता है। अगर इनमें से कोई कारण मौजूद न हों जो इसे इडियापैथिक या क्रिप्टोजेनिक कहते हैं। पित्त तन्त्र की अवरोधात्मक बीमारियों में पशरी तथा कैंसर प्रगुख हैं।

हेपेटाइटिस ए. तथा ई. भोजन तथा जल के माध्यम से प्रसारित होता है जबकि बी., सी. तथा डी. रक्त तथा यौन माध्यमों से फैलता है। रक्त तथा रक्त अवयवों के इंफ्यूजन से ज़िन्दगियाँ बचती हैं, पर अगर यह संक्रमित हो तो यह आसानी से दूसरे मरीज़ों को ग्रसित कर देता है और तब इसका उन्मूलन प्रायः असम्भव हो जाता है। रक्त कोषों का दायित्व हो जाता है कि रक्त दानकर्ताओं की सम्पूर्ण जाँच कर ही उन्हें दान करने की अनुमति दें।

यौन सम्बन्धों से भी ये वायरस आसानी से प्रसारित हो जाते हैं। ज्ञात हो कि प्रत्येक श्राव में ये वायरस उत्सर्जित होते हैं और किसी से भी यह संक्रमण लिया जा सकता है। अतः पेशाब, लार, दूध, आँसू, पसीना सभी ख़तरनाक हैं और इनसे बचने की आवश्यकता है।

बी., सी. तथा डी. वायरस क्रॉनिक हेपेटाइटिस करते हैं और कुछ मरीज़ों में इनकी वजह से यकृत ख़राब हो सकता है। ए., ई. क्रॉनिक बीमारी नहीं करते और लीवर के पूर्ण तथा क्षतिग्रस्त होने की सम्भावना नहीं रहती।

बी., सी., डी. यकृत कैंसर भी कर सकते हैं और अत्यधिक क्षतिग्रस्त यकृतों में इसकी सम्भावना बढ़ जाती है। लेकिन सबसे प्रमुख कारण मद्यपान होता है। अगर कोई व्यक्ति 200 मि.ली. से ज़्यादा शराब (वाइन, बियर को छोड़ कर) प्रति दिन 10 वर्षों तक पीता रहे तो इसकी सम्भावना बहुत बढ़ जाती है कि उसका यकृत क्षतिग्रस्त हो जाएगा।

रोग के लक्षण में प्रमुख हैं : पीलिया, भूख नहीं लगना, कमज़ोरी, शरीर में सूजन, मुँह से ख़ून आना तथा बेहोशी।

अल्ट्रासाउंड, लिवर फंक्शन टेस्ट, प्रोथ्रोम्बिन टाइम तथा हेपेटाइटिस बी., सी. की जाँचें ज़रूरी होती हैं।

इलाज के अन्तर्गत खान-पान का परहेज, पूर्ण विश्राम, ग्लुकोज की अधिक मात्रा, शराब तथा हानिकारक औषधियों पर रोक ज़रूरी होती हैं। इसके अतिरिक्त चिकित्सकों की देख-रेख में इलाज का प्रबन्ध सबसे ज़रूरी है। बी. तथा सी. संक्रमण के लिए अच्छी दवाएँ आ गयी हैं जिनका प्रयोग कर इनका उन्मूलन ज़रूरी है।

यदि सभी हिदायतें बरती जायें तथा व्यक्ति शराब छोड़ने के लिए तैयार हो तो इस रोग पर क़ाबू किया जा सकता है।

लू लगना

शरीर का तापमान जब एक सीमा को पार कर जाता है तो यह बहुत सारी समस्याएँ पैदा करता है और ख़ासकर मस्तिष्क तथा स्नायु तन्त्र को क्षतिग्रस्त

करता है जिसका अगर समय से उपचार नहीं किया गया तो जान जाने का भी ख़तरा रहता है। आम भाषा में हम इसे 'लू लगना' कहते हैं।

शरीर के तापमान को बढ़ने से त्वचा में स्थित पसीने की ग्रन्थियाँ रोकती हैं। पसीना त्वचा के ताप को लेकर वाष्प में परिवर्तित हो जाती है जिससे त्वचा का तापक्रम गिर जाता है और ठंडक उत्पन्न होती है। पर जब मनुष्य के शरीर में पसीने की ग्रन्थियाँ न हों या कम हों या किसी कारणवश पसीने की ग्रन्थियाँ बन्द हो गयी हों, ऐसे कपड़े पहने गये हों जो पसीने के सोखने में सहायक नहीं होते या तेज़ तापमान में बिना उचित मात्रा में जल ग्रहण किये निरन्तर शारीरिक श्रम किया जा रहा हो या त्वचा की बीमारियाँ मौजूद हों जो पसीना बनने की क्रिया को अवरुद्ध करती हैं तो ये सब लू लगने का कारण बनती हैं।

बहुत औषधियों के प्रयोग से भी पसीना बनना रुक जाता है और शरीर का तापक्रम बढ़ने लगता है।

लक्षण : शरीर का तापमान बहुत ज़्यादा बढ़ जाता है। 43 से 44 डिग्री सेंटीग्रेड तक या उससे भी ऊपर। इस तापमान पर मस्तिष्क तथा स्नायु तन्त्र, नयी कोशिकाएँ कार्य करना बन्द कर देते हैं और मनुष्य बेहोशी की ओर अग्रसर हो जाता है। समय पर उपचार नहीं करने पर मृत्यु की सम्भावना बहुत बढ़ जाती है। शरीर से पसीना निकलना बहुत कम हो जाता है या बन्द हो जाता है। त्वचा बिल्कुल सूखी दिखती है।

उपचार का मुख्य उद्देश्य शरीर के तापमान को नीचे लाना होता है। मरीज़ को धूप से हटाकर ठंडी जगह में ले जाते हैं जहाँ हवा का संचार या आवागमन सहज हो। त्वचा को गीला रखने की कोशिश करते हैं। पतले कपड़े को पानी से गीला कर मरीज़ के ऊपर डालते हैं तथा पंखा चलाते हैं जिससे वाष्प बनने की क्रिया त्वरित हो। बर्फ़ का पानी डालना या इससे नहलाना तथा बर्फ़ के पानी वाले टब में मरीज़ को लेटाने से फ़ायदा की जगह नुक़सान होता है क्योंकि रक्त धमनियाँ ठण्ड के कारण सिकुड़ जाती हैं और तापमान का गिरना थम जाता है। ऑक्सीजन मास्क के द्वारा देते हैं तथा सोडियम, पोटैशियम की कमी को पूरा करते हैं। अगर रक्तस्राव हो रहा हो तो रक्त आपूर्ति आवश्यक हो जाता है। गुर्दे, लीवर तथा हृदय की अक्षमता को सही करने की कोशिश करते हैं। उपचार से ज़्यादा ज़रूरी तथा आसान बचाव होता है। व्यक्ति धूप में निकलने के पहले पानी तथा नमक उचित मात्रा में लें। कपड़े ढीले तथा सूखे हों।

❑❑